CHRISTIANE BINDSEIL / KARIN LACKUS

„MIR GEHT ES GUT, ICH STERBE GERADE“

CHRISTIANE BINDSEIL
KARIN LACKUS

„MIR GEHT ES GUT, ICH STERBE GERADE"

GESCHICHTEN AM ENDE DES LEBENS

neukirchener

MIX
Papier | Fördert gute Waldnutzung
FSC® C014496

Bibliografische Information der Deutschen Nationalbibliothek:
Die Deutsche Nationalbibliothek verzeichnet diese Publikation in der Deutschen Nationalbibliografie; detaillierte bibliografische Daten sind im Internet über http://dnb.d-nb.de abrufbar.

6. Auflage 2024

Umschlaggestaltung: Grafikbüro Sonnhüter, www.sonnhueter.com
unter Verwendung eines Bildes von wavebreakmedia © Shutterstock.com
Lektorat: Hauke Burgarth, Pohlheim
DTP: Breklumer Print-Service, www.breklumer-print-service.com
Verwendete Schrift: Adobe Garamond Pro, Futura
Gesamtherstellung: GGP Media GmbH, Pößneck
Printed in Germany
ISBN 978-3-7615-6326-7 Print
ISBN 978-3-7615-6327-4 E-Book

www.neukirchener-verlage.de

INHALT

Vorwort 7

Geleitwort 9

1. Eigentlich waren wir fünf Geschwister 11

2. Weihnachten mitten im Sommer 15

3. Ich trau mich nicht zu springen 19

4. Ich konnte ihn einfach nicht lieben 23

5. Reicht das für den Segen? 27

6. Im Jenseits hat dann jeder so einen Kokon 31

7. Ich kann mit meinem Leben sterben 35

8. Ich bin nicht totzukriegen 39

9. Das alles habe ich getan 43

10. Ich bin aus der Kirche ausgetreten 47

11. Von der Schönheit Siebenbürgens 51

12. Vergessen Sie es, ich stehe nicht mehr auf 55

13. Wohin mit dem ganzen Zeug? 59

14. Die Party bis zum Schluss auskosten 65

15. Einmal gesehen werden 69

16. Vertragen und umarmen 73

17. So leicht und immer leichter 79

18. Eine gute Zeit 83

19. Ich bin so neidisch auf Ihr Leben 87

20. Und Engel gibt es doch 91

21. Ich habe doch noch gar nicht richtig gelebt 95

22. Über die Schönheit von Rohrleitungen 99

23. Ein breites Lächeln 103

24. Vom Adressbuch 107

25. Helfen Sie mir, mit meinem Bruder zu sprechen 111

26. Die Zügel bis zum Schluss in der Hand behalten 115

27. Die große Last 119

28. „Dem geht's gut, der stirbt gerade" 123

Nachwort 127

VORWORT

In den Debatten über Sterbehilfe und assistierten Suizid wurden eigentlich alle denkbaren Argumente, alle möglichen Für und Wider eines selbst herbeigeführten Todes schon benannt und diskutiert. Von der Palliativ- und Hospizbewegung wurde die besondere Würde der letzten Lebensphase immer wieder in eindrücklicher Weise formuliert und betont. Trotzdem bleibt bei zahlreichen Menschen in unserem Land die Angst vor einem würdelosen Dahinsiechen, vor unerträglichen Schmerzen, vor dem Sterben. Und so wünschen sich viele einen plötzlichen, schmerzlosen Tod, von dem sie selbst am besten gar nichts mitbekommen.

Als Klinikseelsorgerinnen haben wir Tag für Tag die Zeit vor dem Tod, die Zeit des Sterbens, erlebt. Und davon wollen wir erzählen. Es sind Geschichten voller Tragik und Tiefe, aber auch voller Freude und Leichtigkeit – eben voller Leben. Und von einer ganz besonderen Würde.

Dabei wollen wir die letzte Lebensphase nicht verklären. Da sind auch Schmerzen, da ist Angst. Und dennoch wird in jeder Geschichte deutlich: Die Zeit des Sterbens ist kostbar; unser Leben wäre so viel ärmer, würden wir uns dieser Lebensdimension vorsätzlich berauben.

Die Geschichten, die wir erzählen, haben wir so nicht erlebt. Die handelnden Personen und ihre Namen sind frei erfunden. Auf Grundlage unserer Gespräche haben wir Geschichten neu zusammengefügt, die unsere alltäglichen Erfahrungen widerspiegeln. Insofern sind die Geschichten authentisch, auch wenn sie Fiktion sind.

Christiane Bindseil
Karin Lackus

Übrigens:
Hospize als Einrichtungen zur Sterbebegleitung werden auch in Deutschland immer bekannter. Im Rahmen der Hospizbewegung entstanden in zahlreichen Krankenhäusern **Palliativstationen**. Hier werden Menschen mit fortgeschrittenen unheilbaren Krankheiten behandelt, um ihre Schmerzen und Symptome zu lindern. Einige Patienten können danach zurück in ihr häusliches Umfeld entlassen werden, andere werden in ein Hospiz verlegt. Aber auch die Palliativstationen selbst bieten diesen Sterbenden einen angemessenen Raum und Begleitung.

„DU KANNST NICHT TIEFER FALLEN
ALS NUR IN GOTTES HAND,
DIE GOTT ZUM HEIL UNS ALLEN
BARMHERZIG AUSGESPANNT."[1] (ARNO PÖTZSCH)

Liebe Leserin, lieber Leser!
Wie wird es sein, wenn ich sterbe? Wer wird mir zur Seite sein in den letzten Wochen, Tagen und Stunden meines Lebens? Werden meine Vertrauten mir Mut machen? Werde ich sie mal aus dem Zimmer schicken müssen, um in Ruhe zu sterben? Werde ich mich auf dem letzten Stück verändern? Werde ich Schmerzen haben? Wird es ein Kampf sein oder ein friedliches Einschlafen? Wie wird es sein: „mein" Sterben? Und: geht es weiter – danach?

Christiane Bindseil und Karin Lackus erzählen in diesem Buch 28 Geschichten vom Sterben. Es sind „Geschichten am Ende des Lebens", die aus ihrer langjährigen Erfahrung in der Klinikseelsorge und in der Begleitung Sterbender erwachsen sind. Auch wenn sie nicht genauso stattgefunden haben, die kurzen Geschichten zeigen einfühlsam und berührend, manchmal heiter oder staunend, aber immer klarsichtig, wie Leben und Sterben ineinander verwoben sind, wie sich ein Leben im Sterben runden und ganz werden kann. Sie erzählen von

---

1 Aus: Arno Pötzsch, Im Licht der Ewigkeit. Geistliche Lieder und Gedichte. Gesamtausgabe. Leinfelden-Echterdingen: Verlag Junge Gemeinde (2016²).

Menschen am Ende ihres Lebens: von ihrer Würde und ihrer Schönheit, von ihrer Verzweiflung und ihrer Tapferkeit, von ihrer Schuld und ihrer Zuversicht, von ihrer Dankbarkeit und ihrer Hoffnung. Es sind Geschichten, die Mut machen und vielleicht auch ein bisschen gelassen oder neugierig. Ob sie die Angst vor dem Sterben nehmen? Auf jeden Fall stärken sie das Vertrauen, dass Leben und Sterben umfangen sind von Gottes Güte und Barmherzigkeit.

Ich wünsche diesem Band eine weite Verbreitung und hoffe, dass es vielen hilft, die besondere und eigene Würde der Wege am Lebensende zu entdecken. Danke für dieses Buch!

Landesbischof i. R. Prof. Dr. Jochen Cornelius-Bundschuh
Evangelische Landeskirche in Baden

1.
EIGENTLICH WAREN WIR FÜNF GESCHWISTER

Als ich Herta Albach[1] auf der Palliativstation kennenlernte, war ihr die Krebsdiagnose erst kurze Zeit bekannt. Wiederholte Fieberattacken waren der Grund für ihre Einweisung ins Krankenhaus, die geplante Chemotherapie konnte nicht beginnen. Ihre große Sorge war, dass durch die Verzögerung der Chemotherapie ihre Heilungschancen sinken.

In dieser Zeit redete Frau Albach fast ausschließlich über ihren Körper und die unterschiedlichen Symptome der Erkrankung. Das Fieberthermometer war ihr ständiger Begleiter und sie hoffte inbrünstig auf jeden neuen Blutwert.

Doch mit der Chemotherapie konnte nie begonnen werden und Frau Albach verstand nach und nach, dass es für sie eine „Heilung durch Chemotherapie", von der sie bei meinen ersten Besuchen oft sprach, nicht gab.

Für mich letztlich unvermittelt redete sie plötzlich über den möglichen Tod: „Ich kann doch noch nicht sterben, sonst lebt ja bald niemand mehr aus meinem Dorf." Und

---

[1] In diesem Buch werden reale Erfahrungen verarbeitet. Die konkreten Personen, ihre Namen und Handlungen sind dagegen frei erfunden. Jede Ähnlichkeit mit realen Personen oder Persönlichkeiten ist nicht beabsichtigt und wäre rein zufällig.

sie erinnerte sich an ihr kleines Dorf, die Schrecken der Flucht 1945, das langsame Ankommen in Deutschland. „Heute würde mir keiner glauben, wie armselig ich hier angekommen bin“, meinte sie stolz.

Und sie erzählte von ihrem Leben hier, ihrem kleinen Friseurladen, den sie mit Liebe und großer Eigeninitiative aufgebaut hatte, den vielen Lehrlingen, denen sie über manch schwere Zeit hinweggeholfen hatte. „Ohne mich und meine Geduld hätten manche nie durchgehalten“, war sie überzeugt. „Ich habe viel erreicht“, betonte sie mehrmals.

Wenige Tage vor ihrem Tod bat sie mich in ernstem Ton, das nächste Mal mit besonders viel Zeit im Gepäck zu kommen.

Ich kam gleich am nächsten Tag und Frau Albach begann ohne Umschweife, von der Zeit ihrer Flucht in den Westen zu erzählen. Sie erinnerte sich an quälende Kälte, unsagbare Erschöpfung, entsetzliche Angst und furchtbaren Hunger: „Egal was wir taten, wir hatten einfach nicht genug. Mal rückten wir als Familie zusammen, mal verdächtigte jeder den anderen, etwas gegessen zu haben, was ihm nicht zusteht. Es gab Zeiten, da habe ich alles getan für ein Stück Brot.“

„Meine drei kleinen Geschwister haben die Flucht nicht überlebt“, flüsterte Herta Albach, „sie sind unterwegs verhungert.“ Und sie bat mich um eine kleine Segensfeier für diese drei Kinder, zwei Mädchen und ein Junge; sie hatte sich auch schon genau überlegt, wie sie diese Feier gestalten wollte.

Zunächst nannte sie den Namen jedes Geschwisterkindes. Dann erzählte sie alles, was sie von diesem Kind wusste: die Frisur, ein Lispeln, der ausgefallene Zahn, die

Geschichte eines Streits. Sie rang jedes Mal lange mit sich und ihren Erinnerungen, mühte sich, bat mich um Nachfragen. Sie ließ sich viel Zeit und freute sich über jedes Detail, das ihr einfiel. Am Ende jeder kleinen Biografie formulierte sie selbst ein Gebet und bat mich um den Segen.

Bei meinem nächsten Besuch war Herta Albach nicht mehr ansprechbar. In den Tagen bis zu ihrem Tod erlebte ich sie ganz ruhig und entspannt.

2.
WEIHNACHTEN MITTEN IM SOMMER

Hans Ludwig war sehr schwach, als ich ihn kennenlernte. Er wird wohl bald sterben, war die Einschätzung in der Besprechung des Palliativteams. Wenn ich kam, war Herr Ludwig freundlich und erkannte mich auch, war jedoch nach wenigen Worten sehr erschöpft und schloss die Augen. Ich redete dann mit seiner tieftraurigen Ehefrau, die fast den ganzen Tag an seiner Seite war.

Doch Herr Ludwig starb nicht wie erwartet und einige Zeit später besprachen wir im Palliativteam, ob es nicht doch sinnvoll sei, ihn im Hospiz anzumelden.

Als ich das nächste Mal wieder zu Besuch kam, war ausnahmsweise seine Ehefrau nicht da, sie hatte selbst einen Arzttermin. Es war ein heißer Sommertag und ich war sehr müde, so setzte ich mich nach den gewohnten Begrüßungsworten einfach zu Herrn Ludwig ans Bett.

Nach etwa zehn Minuten, für mich in dieser Situation völlig unerwartet, begann Herr Ludwig zu erzählen, langsam, angestrengt, aber überraschend deutlich. Er redete von seiner Konfirmation, wie sehr er diesen Tag mochte und erinnerte sich sehr genau an seinen Konfirmationsspruch. Bis dahin war ich mir nicht sicher gewesen, ob Herr Ludwig wusste, dass ich als Pfarrerin zu ihm kam, aber offensichtlich hatte er das sehr klar wahrgenommen.

Und mitten im heißen Sommer begann er von Weihnachten zu erzählen, detailgenau: Wo der Baum stand, welchen Kartoffelsalat es gab, wann die Bescherung war, welche Lieder gesungen wurden, wie sie spät am Abend in die Kirche gingen. Er erinnerte sich in vielen Einzelheiten, wie die kleine Familie vor vielen Jahren Weihnachten feierte. Und ich stutzte, als er dabei von einem Kind sprach. Mit seiner Frau hatte ich viel und lange geredet, aber von einem Kind wusste ich nichts. Nach einer Weile fragte ich ganz vorsichtig nach dem Kind und er erzählte mir weinend von seinem großen Kummer. Sie hatten eine gemeinsame Tochter, die vor vielen Jahren jeden Kontakt zu ihnen abgebrochen hatte – kein Anruf, kein Besuch. Der Sohn der Nachbarn, der einen losen Kontakt zu seiner ehemaligen Sandkastenfreundin pflegte, war ihre einzige Informationsquelle. Von ihm wussten sie, dass sie schon vor Jahren Großeltern geworden waren, von ihm wussten sie überhaupt nur, wo die Tochter lebte.

„Ich verstehe nicht, was passiert ist. Wir haben doch nichts getan", formulierte Hans Ludwig wiederholt ratlos und unendlich traurig.

Diese Ratlosigkeit war schwer zu ertragen, unser Gespräch wechselte bald wieder hin zu Weihnachten, dem Adventskranz und den Liedern und wir fingen mitten in der Hitze des Tages an, „Alle Jahre wieder" zu singen.

Am nächsten Tag sprach mich die Ehefrau darauf an, dass ihr Mann mir ja von ihrem großen Leid erzählt habe, ihrer Tochter, „die es für uns nicht mehr gibt", so formulierte sie es. Ich erlebte sie ähnlich ratlos: „Wir hatten Streit, ja, wegen der Ausbildung, wegen ihren Freunden, aber das ist doch normal, das ist doch bei anderen auch so." Ich sah Herrn Ludwig plötzlich an, dass er eine Idee hatte und er fragte mich ganz eindringlich: „Wollen Sie nicht mal bei Willi, dem Nachbarssohn, anrufen und fragen, was man tun kann? Können Sie das für uns tun?"

Er wiederholte diese Bitte mehrfach und seine Frau suchte sofort die Telefonnummer heraus. Wenig später rief ich vom Büro aus an. Wir telefonierten lange und der Nachbarssohn wiederholte immer wieder, dass auch er das Ganze nicht verstehen könne, er habe keine Erklärung. Schon zu Beginn der Krankheit hatte er die Tochter informiert, ihr jede Verschlechterung des Zustands ihres Vaters erzählt und sie immer eindringlicher gebeten zu kommen. „Beim letzten Telefonat habe ich sie richtig angeschrien", erzählte er. Aber sie wollte nicht.

Hans Ludwig ist einige Wochen später auf der Palliativstation gestorben, er wurde tatsächlich noch im Hospiz angemeldet, leider gab es dort aber keinen freien Platz. Im Palliativteam wurde noch mehrmals verwundert darüber gesprochen, wie lange er mit seiner schweren Krankheit noch lebte.

3.
ICH TRAU MICH NICHT ZU SPRINGEN

„Gehen Sie mal zu Frau Mühlbauer, ich glaube, sie braucht ganz dringend jemanden zum Reden“, begrüßte mich ein Pfleger auf der Palliativstation.

Als ich Anna Mühlbauer begrüßte, zitterten ihre Hände und sie formulierte sofort: „Ich habe solche Angst.“ Und ohne lange Vorreden fragte sie mich, was denn komme, nach dem Tod, was ich denn glaube. „Sie als Pfarrerin müssen das doch wissen.“ Und ich erzählte ihr von meinem Glauben, dass ich darauf vertraue, dass wir nach dem Tod bei Gott geborgen sind. Frau Mühlbauer bohrte nach, wie es denn sei mit dem Körper, ob es nicht vielleicht doch eine Hölle gäbe, Fegefeuer und Strafen. Ich konnte nur immer wiederholen, dass ich mit schon fast kindlicher Sicherheit an eine Geborgenheit nach dem Tod glaube, konkreter könne ich meine Jenseitsvorstellung nicht fassen.

Frau Mühlbauer erzählte viel, aus ihrem Leben, von ihrer sehr lukrativen Position bei der Bank, ihren Freunden und von ihrem Lebensgefährten und dessen siebenjährigen Sohn. „Wir wollten heiraten, für den Jungen bin ich jetzt schon wie eine zweite Mutter“, sagte sie. Auf meine Nachfrage hin lehnte sie energisch ab, dass das Kind sie im Krankenhaus besuchen dürfe. „Er soll mich so nicht sehen“, erklärte sie. Wir redeten lange, sie wurde dabei sichtbar ruhiger und sie bemühte sich, keine Pause entstehen zu lassen. Als ich dann doch gehen wollte, bat sie mich eindringlich zu bleiben. Sie leide so sehr unter der Einsamkeit und ihrer Angst: „Ich fühle mich die ganze Zeit, als würde ich auf einem hohen Berg stehen und soll springen und ich trau mich einfach nicht", beschrieb sie ihre Gefühle.

Ich blieb noch eine Weile, bis ihr Lebensgefährte kam. „Schön, dass Sie da sind", sprach mich ihr Freund an, „ich kann einfach nicht die ganze Zeit hier sein, ich halte das nicht aus." In einem der nächsten Gespräche erzählte mir Frau Mühlbauer, wie enttäuscht sie sei, dass ihr Freund nicht auf der Palliativstation übernachte. „Andere Lebensgefährten machen das doch auch", weinte sie, „und ich kann einfach nicht alleine sein, ich habe doch solche Angst."

Daraufhin zeigte sie mir ihre Tablettensammlung in der Nachttischschublade. „Ich habe mit Ärzten gesprochen, mit Freunden, ich weiß genau, wie und dass es funktioniert. Erst kommen diese beiden Tabletten und fünf Minuten später der Rest." Sie werde einen Tag festlegen, an dem sie dann in Anwesenheit des Lebensgefährten die Tabletten nehmen werde: „Dann hört diese furchtbare Angst endlich auf."

Ich besuchte Frau Mühlbauer viele Male. Sie bat mich jedes Mal zu bleiben, weil sie viel ruhiger sei, wenn jemand da ist. Meist vermochte ich nur zu gehen, wenn ich genau sagen konnte, wann ich wiederkomme. Als ich mich einmal nach einem langen Besuch mühsam verabschiedet hatte, fragte ich einen Pfleger, ob man Frau Mühlbauer nicht medikamentös mehr gegen ihre Angst helfen könne. „In meiner langen Berufserfahrung habe ich so etwas noch nicht erlebt", betonte er. „Frau Mühlbauer nimmt so viele

Medikamente, dass man mit dieser Dosis jeden anderen Menschen schmerzfrei operieren könnte." Und das, obwohl sie definitiv keine Drogenvorgeschichte hatte.

Da ich viel Zeit bei Frau Mühlbauer verbrachte, wiederholte sich manches Thema in unseren Gesprächen. Worauf ich mich jedoch sicher verlassen konnte, war ihre Frage bei jedem einzelnen Gespräch, ob ich wirklich glaube, dass wir nach dem Tod geborgen sind. Jedes Mal sollte ich ihr neu davon erzählen, in unzähligen Variationen, mit vielen Nachfragen.

Unsere Gespräche wurden immer vertrauter und selbstverständlicher, sodass es für mich dann doch unvermittelt war, als sie sagte, sie werde nächsten Dienstag ihre Tabletten nehmen und sterben. „Es wird Zeit", erklärte sie, „auf Station kann ich nicht mehr lange bleiben und in ein Hospiz möchte ich nicht. Und ich halte die Angst einfach nicht mehr länger aus."

Ihr Lebensgefährte sollte dabei sein, wenn sie sterben würde. Am kommenden Wochenende wollte sie sich bewusst von ihrer Mutter und Freunden verabschieden und der kleine Sohn sollte doch kurz vorbeikommen, „mit Schminke und Energie wird das schon gehen", erklärte sie lächelnd.

Zu mir meinte sie, ich könne am Montag kommen, um mich zu verabschieden, am Wochenende seien ja genug Menschen da.

Als ich am Montag auf Station kam, teilte man mir mit, dass Anna Mühlbauer gerade eben gestorben war. Nach den vielen Besuchen am Wochenende sei sie an diesem Morgen alleine gewesen. Die Tabletten, die sie mir gezeigt hatte, lagen unangetastet in der Schachtel in der Nachttischschublade.

4.
ICH KONNTE IHN EINFACH NICHT LIEBEN

Annegret Siemes saß immer wie aus dem Ei gepellt im Bett. Ihre Haare waren aufwendig frisiert, die Fingernägel waren nicht nur lackiert, sondern auch mit Mustern verziert, sie war geschmackvoll geschminkt und modisch gekleidet. „Meine Kinder sind immer für mich da", erzählte sie stolz, „sie kommen jeden Morgen und helfen mir." Und ähnlich zufrieden erzählte sie auch aus ihrem Leben, von ihrem kleinen Kiosk, den Erfolgen ihrer Kinder und Enkelkinder, ihrem guten Leben. In jungen Jahren kam sie aus einem kleinen Dorf in Bayern nach Mannheim. Hier habe sie das Leben in vollen Zügen genossen, eine Lehre als Einzelhandelskauffrau gemacht, getanzt, junge Menschen kennengelernt und einfach so ihre Freiheit und Jugend gelebt. „Nur mit meinem Mann hatte ich kein Glück, der war gewalttätig. Aber das ist jetzt vorbei, jetzt geht es mir gut", betonte sie. Wir lachten viel bei meinen Besuchen, sie erzählte lustige Geschichten von ihren Kindern und Enkeln und freute sich darauf, was sie alles mit ihren Kindern unternehmen würde, wenn sie wieder zu Hause wäre.

Zu dieser Zeit konnte Frau Siemes kaum noch aufstehen, der Gang zur Toilette strengte sie enorm an. Sie konnte fast nichts mehr essen und manchmal sah man ihr auch Schmerzattacken an.

„Ich verstehe gar nicht, warum ich nichts mehr kann,

warum ich so schwach bin, es muss doch mal langsam besser werden", klagte sie, machte aber gleichzeitig deutlich, dass sie über ihre Krankheit definitiv nicht reden wollte. Sie wurde kurz ärgerlich, wenn die Krankheit nicht zu ignorieren war, beendete aber sofort jedes Gespräch darüber. „Man muss es nehmen, wie es kommt. Man kann doch Gott nicht ins Handwerk pfuschen", meinte sie.

In den Besprechungen auf Station wurde problematisiert, wie wenig die ununterbrochene angenehme Fröhlichkeit von Frau Siemes zu ihrem tatsächlichen Krankheitszustand passe.

Doch Frau Siemes wusste, wie schwer krank sie war. Sie konnte ihre Krebserkrankung genau benennen, wusste eindeutig, was eine Palliativstation ist, unterschrieb auch eine Anmeldung für das Hospiz. Aber sie wollte so wenig wie möglich mit diesen „Nebensächlichkeiten" belästigt werden, „dazu ist das Leben doch viel zu schön", sagte sie.

Es war für mich neu und ungewohnt, als Frau Siemes nach unserer Begrüßung meinte, sie wolle heute nicht mit mir reden. „Mir ist heute nicht danach", sagte sie. Und dann fing sie trotzdem an zu erzählen, ungewohnt ernst. Sie habe noch einen Sohn, in Bayern, aber mit ihm habe sie kaum mehr Kontakt. „Ich kann dieses Kind einfach nicht so lieben, ich habe es wirklich versucht, es geht nicht", sagte sie.

Beinahe hätte ich ihr reflexartig widersprochen, um sie zu trösten, dass das doch gar nicht sein könne, sie sei doch so ein liebevoller Mensch. Ich sagte nichts und sie zeigte mir die Weihnachtskarte, die der Sohn geschrieben hatte, eine recht unpersönliche Karte. „Er weiß nicht, dass ich so krank bin", meinte sie und erzählte dann die ganze traurige Geschichte. Ihre Jugend war ein Martyrium und mit 17

Jahren wurde sie von ihrem Vater schwanger. Ihre Mutter habe sich zwar liebevoll um dieses Kind gekümmert, „aber mir hat sie nie geholfen."

Annegret Siemes erzählte, wie es wirklich für sie war, als sie ganz jung und ohne Familie nach Mannheim kam, weil sie es zu Hause nicht mehr aushielt. „Ich konnte das Kind einfach nicht lieben", wiederholte sie immer wieder und erzählte, wie verloren sie sich in der neuen Stadt fühlte und wie froh sie war, als sie ihren Mann kennenlernte. „Er war viel älter als ich und streng, aber endlich war ich nicht mehr allein", sagte sie.

Wir sprachen lange über Schuld und Verantwortung, Recht und Unrecht. Frau Siemes fühlte sich so unendlich schuldig. „Das Kind hat doch auch ein Recht auf Liebe", wiederholte sie immer wieder.

„Sie haben ihm das Leben geschenkt, trotz allem", das war der einzige meiner Gedanken, bei dem ich das Gefühl hatte, dass sie kurz aufhorchte. Sie war gequält von den Selbstvorwürfen, die sie ihr ganzes Leben begleitet hatten.

Nur dieses eine Mal sprach sie mit mir über ihren Sohn.

Am Ende des Gesprächs bat sie mich, eine Weihnachtskarte zu besorgen. „Meine Kinder möchte ich damit nicht belästigen." Zwei Tage später schrieben wir gemeinsam eine ähnlich unpersönliche Weihnachtskarte an ihren Sohn. Sie schien erleichtert, als ich die Karte einpackte und sie erwähnte den Sohn danach nicht mehr.

Zwei Wochen später starb sie ruhig und gefasst und ich sprach mit ihren Kindern darüber, was für eine lebensfrohe und mutige Frau ihre Mutter doch war.

5.
REICHT DAS FÜR DEN SEGEN?

„Wissen Sie, mit Kirche kann ich nichts anfangen, das war mir immer egal", so begrüßte mich Gerhard Maucher auf der Palliativstation. „Aber jetzt, wo sie schon einmal da sind, können Sie gerne bleiben. Ich habe ja eh sonst niemanden mehr in dieser Welt."

Und Herr Maucher erzählte mir die ganze Geschichte seiner Einsamkeit. In jungen Jahren war er gegen den Willen seiner Eltern von zu Hause weggegangen, hat mehrere Ausbildungen angefangen und wieder abgebrochen, hielt sich mit unterschiedlichen Arbeiten finanziell über Wasser und musste dann bei der ersten Krebsdiagnose die Frührente einreichen: „Das war für mich ein Schock. Jetzt bin ich den ganzen Tag alleine, gehe höchstens mal in die Stadt, in so ein Rauchercafé, aber das ist alles. Ich kenne ja niemanden mehr."

Ich besuchte Herrn Maucher noch mehrmals, sorgte für Zigaretten und die Fernsehzeitung und wir redeten über das Wetter, die Krankheit, seine Jugend und sein aus seiner Sicht verpfuschtes Leben. „Wenn ich sterbe, merkt das keiner", formulierte er nachdenklich. Und dann ereignete sich völlig überraschend eine große Veränderung.

„Ich hatte Besuch", rief Herr Maucher mir entgegen, „eineinhalb Stunden lang blieben sie, die ganze Zeit, und sie haben mir sogar Zigaretten mitgebracht." Und er erzählte der Reihe nach: Der Thekenmannschaft in seinem Rauchercafé war aufgefallen, dass er lange nicht mehr gekommen war. Zwar wusste niemand, wo Herr Maucher wohnt, sie kannten jedoch seinen glücklicherweise recht ungewöhnlichen Nachnamen. Und so telefonierten sie die Krankenhäuser der Umgebung ab. Sobald sie die Information hatten, besuchten sie ihn zu dritt auf unserer Palliativstation. Und von da an sprachen die Männer sich gewissenhaft ab, wer Herrn Maucher wann besuchen sollte, damit möglichst regelmäßig jemand da war. Sie versorgten ihn auch ganz selbstverständlich mit Seife, Zigaretten und Kleidung. „Eigentlich brauche ich Sie jetzt gar nicht mehr", meinte Herr Maucher wenige Tage später, so fröhlich und offen, wie ich ihn vorher nicht gekannt hatte, „aber jetzt habe ich mich einfach an Sie gewöhnt. Jetzt müssen Sie trotzdem kommen", fügte er lächelnd hinzu.

Wenig später wurde er ins Hospiz verlegt und wir verabschiedeten uns auf Station. „Was machen Sie denn sonst mit Ihren Leuten, wenn jemand geht, weihen Sie den oder so?", fragte er mich, als ich gerade gehen wollte. Ich erklärte, das sei ganz unterschiedlich. „Auch ‚fromme' Menschen sind nicht gleich", antwortete ich, „und ich versuche, das zu tun, was ich in dem Moment als sinnvoll und passend empfinde." „Aber was machen Sie denn meistens so als Pfarrerin, da muss es doch was geben?", bohrte er nach. Und ich erzählte ihm vom Segen, der für mich etwas ganz Besonderes sei. Denn zum Segen brauchen wir einander, kein Mensch kann sich alleine den Segen holen, sondern ein Mensch spricht dem anderen den Segen zu.

„Und, können Sie das jetzt mit mir machen?", fragte Gerhard Maucher sofort. In unserem gewohnt flapsigen

Ton fragte ich zurück: „Klar, aber warum wollen Sie das jetzt plötzlich, so zur Vorsicht, nach dem Motto, kann ja nicht schaden?“

„Ja, genauso meine ich das“, antwortete er ernst, „reicht das für den Segen?“

So legte ich meine Hand auf seinen Kopf und sprach den Segen: „Gott segne dich und behüte dich. Gott lasse sein Angesicht leuchten über dir und sei dir gnädig. Gott erhebe sein Angesicht auf dich und gebe dir Frieden.“ Es war eine ganz eigene, intensive Stimmung im Raum und Herr Maucher verabschiedete sich schließlich von mir mit den Worten: „Gott segne Sie auch, so wie Sie das glauben.“

Einige Zeit später besuchte ich ihn im Hospiz. Er freute sich und begrüßte mich überschwenglich als seine alte Bekannte. Sofort begann er zu erzählen, wie gut es ihm ging, und das, obwohl er sichtbar schwächer geworden war und auch nicht mehr aufstehen konnte. Seine kleine „Gemeinde“ aus dem Rauchercafé besuchte ihn weiterhin regelmäßig und versorgte ihn mit allem, was er brauchte. Herr Maucher war gut aufgehoben.

„Es geht mir wirklich gut“, sagte er mir zum Abschied. „Sie brauchen sich keine Sorgen zu machen.“

Zwei Tage später rief mich eine Mitarbeiterin des Hospizes an, Gerhard Maucher sei gerade ruhig und friedlich gestorben. Und sie erklärte, warum sie sich so schnell bei mir meldete: Die Karte, die ich ihm bei meinem ersten Besuch im Krankenhaus gegeben hatte, stand auf seinem Nachttisch. Als sie diese Karte wegräumen wollte, las sie, was er dazugeschrieben hatte: „Nach meinem Tod bitte die Pfarrerin anrufen.“

6.
IM JENSEITS HAT DANN JEDER SO EINEN KOKON

„Wir haben die ganze Welt gesehen“, erzählte mir Agnes Stobbe gleich bei meinem ersten Besuch. Sie beschrieb ihr Leben als ein gutes Leben, in dem sie viel mit ihrem Mann erleben durfte. Viele Jahre lang war sie mit einem Berufsmusiker verheiratet gewesen und hatte ihn auf unzähligen Konzertreisen begleitet. „Wir waren immer zusammen, etwas anderes gab es für uns nicht“, betonte sie und erzählte stolz aus dem gemeinsamen Leben, wie sie sich miteinander auf sein Konzert vorbereiteten und wie sie manchmal schon ahnte, welche Noten ihr Mann brauchte. „Wir waren wie ein Mensch, nicht wie zwei Menschen“, formulierte sie einmal.

Es war für sie auch völlig selbstverständlich, dass in diesem Leben kein Platz für Kinder war. „Man kann nicht alles haben und ich hatte ja so viel“, betonte sie, „aber jetzt bin ich halt ganz allein.“ Ihr Mann war wenige Monate zuvor gestorben und mitten in die Trauer hinein platzte die eigene Krebsdiagnose, für Frau Stobbe völlig überraschend: „Ich war doch eigentlich nie krank, ich verstehe gar nicht, wieso das jetzt kommt.“

Trotzdem reagierte sie sehr gelassen auf die schwere Diagnose: „Ich bin jetzt alt und kann sterben, das ist schon in Ordnung.“ Dennoch entschied sie sich für eine Chemotherapie, vertrug diese Behandlung aber extrem schlecht. Innerhalb ganz kurzer Zeit war sie völlig geschwächt, litt an großen Schmerzen und fiel richtiggehend in sich zusammen. Gespräche waren kaum mehr möglich und so hörten wir in dieser Zeit bei meinen Besuchen gemeinsam Musik, meist legte ich auf ihren Wunsch hin eine CD ihres Mannes auf. Sie lag dann mit geschlossenen Augen im Bett und hörte zu, und immer, wenn die Stelle kam, an der sie die Noten für ihren Mann umgeblättert hatte, sagte sie klar und deutlich: „Jetzt ist es wieder so weit."

Als es ihr etwas besser ging, begann sie, ihre Beerdigung zu planen, sie sollte genauso ablaufen wie die Beerdigung ihres Mannes: „Da ist es dann wieder wie in unserem ganzen Leben, wir sind zusammen, ganz nah und nichts kann uns trennen."

In diesem Zusammenhang fragte ich sie, ob sie denn glaube, ihren Mann wiederzusehen. Zu meiner Verwunderung reagierte sie darauf fast unwirsch: „Auf keinen Fall wird das so ein, undenkbar." Und sie erzählte mir ihre ganz eigene Theorie. Sie glaube, jeder Mensch lebe nach dem Tod in einem eigenen Kokon, umgeben von ungeahnter Energie. Und diese Energie mache es möglich, dass jeder in jedem Moment selbst entscheiden könne, mit wem er in Kontakt trete und mit wem nicht. „Das Besondere ist, dass man sich auch einfach abschalten kann und im Kokon bleiben, ohne dass es jemand merkt", sagte sie. Und dann erzählte sie, dass es nicht nur leicht gewesen sei mit ihrem Mann. „Es ging immer nur um ihn und seine Musik", in ihrem gemeinsamen Leben habe es kaum eine Rolle gespielt, was sie dachte und wollte. „Wissen Sie, ich musste auch viele Träume begraben, so unterwegs", sagte sie. Es habe ihr nicht immer gefallen, beneidet zu werden für das aufregende Leben und den wunderbaren Mann. „Dabei war mein Mann manchmal nur unerträglich laut", sagte sie ganz leise.

Wenig später wurde Agnes Stobbe entlassen, kehrte jedoch bis zu ihrem Tod noch mehrmals auf Station zurück.

Wenn ich sie besuchte, redeten wir über ihre Krankheit, ihr aufregendes Leben oder hörten gemeinsam Musik. Nie wieder hörte ich auch nur den Hauch einer Kritik an ihrem Mann. Nur einmal, bei einem meiner letzten Besuche, meinte sie mit einem verschmitzten Lächeln: „Ich freue mich jetzt schon auf meinen Kokon."

7.
ICH KANN MIT MEINEM LEBEN STERBEN

Horst Fliedner war schon einige Jahre krebskrank. Er hatte viele Therapien durchlitten, aber auch gute Zeiten mit der Krankheit erlebt und wusste, dass er nun nicht mehr lange zu leben hatte. Er war in einem Hospiz angemeldet und wartete nun auf der Palliativstation geduldig auf einen Platz.

In seiner Familie wimmelte es nur so von Theologen, wie er mir bei meinem ersten Besuch erzählte und so fanden wir in unseren Gesprächen unzählige Anknüpfungspunkte in Kunst, Kultur, Kirche und Politik. Bei meinem zweiten Besuch meinte er mitten in einem Austausch über Bach-Kantaten plötzlich: „Sie müssen aber nicht denken, ich sei so gläubig. Das bin ich nicht. Ich gehe gerne in Gottesdienste, ich finde es interessant, ich höre meinen Bruder gerne predigen, aber sonst bin ich Naturwissenschaftler."

Und dann erzählte er seine Geschichte mit Kirche und Glaube. Im Pfarrhaus, in dem er in seiner Jugend aus- und einging, hing im imposanten Treppenhaus ein Bild, das einen schmalen und einen breiten Weg darstellte. Der breite Weg war seiner Erinnerung nach gepflastert mit Theater, Tanz, Wein, gebratenem Huhn, Musik und Frauen und führte direkt in die Hölle; der schmale Weg zeigte betende Hände, die Bibel und war ganz dunkel und düster und führte dafür ins helle Licht des Himmels. „Dieses Bild hat mich die ganze Kindheit bedrückt. Ich wollte immer alles richtig machen und es ist mir nie gelungen. Dafür habe ich viel zu gerne gegessen und gelacht und gelebt." Erwachsenwerden, selbstständig Denken, sich endlich gegen dieses Bild behaupten zu können, habe er als richtige Befreiung erlebt. Wir waren uns in der Bewertung dieses Bildes einig und tauchten bald danach in ein sehr intensives Gespräch über unser heutiges Verständnis von Gut und Böse, Richtig und Falsch ein.

Als ich eine Woche später kam, empfing mich Herr Fliedner mit den Worten: „Gut, dass Sie kommen. Sie haben mich doch gebeten nachzudenken, ob ich mit meinem Leben, so wie es war, gut sterben kann." Ich wehrte mich sofort vehement, dass ich das so mit Sicherheit nicht formuliert habe und auch nie solch eine Bitte formulieren würde. Herr Fliedner lächelte freundlich und meinte völlig ungerührt: „Ich habe über Ihre Frage nachgedacht, die ganze Woche. Manchmal so sehr, dass mich Besuch fast störte. Und wissen Sie was: Ich kann mit allem leben, was ich getan und nicht getan habe, tatsächlich mit allem."

Horst Fliedner wirkte fast fröhlich dabei und erzählte, wie er chronologisch sein Leben zurückverfolgt habe. Selbstverständlich gäbe es Dinge in seiner Biografie, die er aus heutiger Perspektive anders machen würde und er fasste zusammen, dass es letztlich in seinem Leben einfach zu viele Konflikte gegeben habe: „Ich kann mich teilweise kaum noch erinnern, was der Streit war, worüber ich mich so sehr geärgert habe, weshalb Freundschaft und Nähe verlorengingen. Und selbst wenn ich mich erinnere, finde ich es banal."

Und dann erzählte er von seinem alten Freund aus

der Schulzeit, wie eng sie später noch in der Studienzeit den Kontakt gehalten hätten, wie zwei Brüder seien sie gewesen, viele Jahre lang. Und dann hätten sie sich gestritten, heftig und böse und unversöhnlich. Heute wäre es schmerzhaft, sich selbst einzugestehen, wie klein der Streitpunkt war. Um ein paar Mark sei es seiner Erinnerung nach gegangen, um blödes Geld. Und das Vertrauen war weg.

Dann erwähnte er, dass sein Freund heute gar nicht weit von hier wohne, „der war immer bodenständig“ und dank Internet habe er ihn ganz schnell gefunden: „Das muss er sein“, war Herr Fliedner sich sicher.

„Und warum rufen Sie ihn dann nicht an?“, fragte ich spontan. „Und hinterher schimpfen Sie dann wieder, dass Sie mich nie dazu aufgefordert hätten“, scherzte er sofort und es war deutlich, wie lange diese Überlegung schon in ihm arbeitete.

„Er war da, ganz lange“, begrüßte mich Herr Fliedner wenige Tage später und der alte neue Freund kam in der Folge fast jeden Tag, fast drei Wochen lang, bis er starb. Vielleicht sollte es ja so sein, dass kein Hospizbett frei wurde und er deshalb die ganze Zeit auf der Station in der Nähe seines Freundes blieb. Nach dem Tod von Horst Fliedner sprach die Familie liebevoll von den beiden alten Männern, die sich so viel zu sagen hatten.

8.
ICH BIN NICHT TOTZUKRIEGEN

„Wir brauchen keine Pfarrerin, egal, was die Ärzte sagen, bei uns ist es noch nicht so weit", meinte Bärbel Nowak bei meinem ersten Besuch auf der Palliativstation lachend und ihre Bettnachbarin stimmte ihr energisch zu. Frau Nowak war tatsächlich etwas erschrocken über meinen Besuch und ich erklärte ausführlich, dass kein Arzt mich geschickt hatte, dass ich alle auf der Station besuche, die besonders Kranken und die weniger Kranken. „Dann ist es jetzt zum Glück also doch noch nicht so weit", meinte sie ironisch, „ja, dann hätte ich mal ein paar Fragen an Sie als Pfarrerin." Und wir besprachen die gesamte Kirchengeschichte, die Rolle des Papstes und warum ich ihrer Meinung nach nicht wie eine richtige Pfarrerin aussähe. Sie erzählte dann von ihren Krankheiten, die sie alle schon überstanden hatte. „Der Krebs kriegt mich nicht klein, mich nicht", betonte sie am Ende.

„Sie haben mich ja letztes Mal ganz schön erschreckt, wissen Sie", begrüßte Frau Nowak mich bei meinem zweiten Besuch, „aber ich freue mich, dass Sie kommen." Sie erzählte mir von ihren Plänen. An die Nordsee wolle sie reisen und auf dem Nachttisch lagen einige Prospekte. „Mein neuer Krebs in der Lunge braucht das, bei Nordseeluft fällt er richtig in sich zusammen", erklärte sie. Und wir redeten über unterschiedliche Urlaubsziele und wie wenig Zeit sie in ihrem Leben für Urlaub hatte: „Erst waren die Kinder da, dann waren die Eltern zu versorgen und dann kam ohne Einladung der Krebs."

Ich glaube, Frau Nowak spürte, dass ihre Pläne für mich im Widerspruch dazu standen, wie zerbrechlich sie körperlich auf mich wirkte – jeder Knochen war einzeln zu sehen. „Ich weiß, ich sehe nicht nach Urlaub aus, aber warten Sie ab, ich kann jetzt schon wieder ein bisschen essen, dann kommt die Reha und dann geht es ab an die Nordsee", sagte sie. Als ich mich verabschiedete, fragte sie mich, wann ich wiederkomme und wir verabredeten uns.

Kleine Teufelshörner hatte sie sich mit Lippenstift auf die Stirn gemalt, als ich kam, und lachte über das ganz Gesicht: „Ich warte auf die Pfarrerin, sage ich jedem, der danach fragt und alle freuen sich. Ich weiß gar nicht, warum?"

Und ausgerechnet mit diesen Teufelshörnern auf der Stirn redete sie diesmal fast schon ernst über den Tod ihres Vaters und dessen Beerdigung: „Der ganze Ort war da, alle. Und danach hat der ganze Ort gefeiert, aber wie." Die Familie hatte in dritter Generation das Wirtshaus am Ort und war daher bekannt „wie ein bunter Hund".

„Und genau so will ich das auch, mit allem Drum und Dran, mit Blaskapelle, Reden, mit Torte und Schnaps, das volle Programm", meinte sie gutgelaunt, so, als freue sie sich jetzt schon darauf. Fast schon ärgerlich erzählte sie von der Beerdigung einer Freundin im engsten Familienkreis: „Da wartet man tagelang auf den Termin der Beerdigung und dann ist alles schon vorbei. Das ist doch, als wenn man einen Hund verscharrt, das will ich nicht. Ich will es wie früher. Geld spielt keine Rolle."

Wenig später wurde Bärbel Nowak nach Hause entlassen, wo ein Pflegedienst und die Familie für sie sorgten. Eine Rehabilitation war abgelehnt worden, ihre Krankheit sei dafür zu weit fortgeschritten. „Die haben doch keine Ahnung“, empörte sie sich, „die werden noch staunen. Ich bin nicht totzukriegen.“

Zwei Wochen später kam Frau Nowak lächelnd in meinen Gottesdienst. „Da staunen Sie, oder?“, strahlte sie mich an, „mir geht es prima. Ich wollte Sie mal in der Kirche erleben und da habe ich mir ein Taxi genommen.“

Wir waren eine kleine Gottesdienstgemeinde, saßen im Kreis und Frau Nowak wünschte sich das Lied „So nimm denn meine Hände“ mit der Begründung: „Wenn das auf meiner Beerdigung gesungen wird, kann ich ja nicht mehr mitsingen.“

Zum Abschied umarmte sie mich herzlich und sagte dabei lächelnd: „Gucken Sie nicht so traurig. Sie werden sehen, ich komme an einem der nächsten Sonntage wieder. So schnell sterbe ich nicht.“

Drei Wochen später erfuhr ich von ihrer ehemaligen Zimmernachbarin, dass Bärbel Nowak wenige Tage nach diesem Gottesdienst gestorben ist. Die Beisetzung fand in aller Stille statt.

9.
DAS ALLES HABE ICH GETAN

Karl Czerny schien verwundert, dass ihn eine Pfarrerin besuchte. „Ich habe nichts gegen die Kirche, aber ich brauche sie auch nicht“, brummelte er bei meinem ersten Besuch vor sich hin. So redeten wir über das Wetter und das Krankenhausessen.

Es verwunderte ihn noch mehr, als ich ein zweites Mal vorbeischaute und er meinte: „Heute erwischen Sie mich aber an einem ganz schlechten Tag, ich habe kaum geschlafen.“ Er sah tatsächlich sehr zerknittert aus und ich fragte, ob ich mich trotzdem setzen könne. „Tun Sie, was sie nicht lassen können“, antwortete er und nach den ersten Sätzen über das heutige Wetter erzählte er, dass er eigentlich nie gut schlafe. Er wisse gar nicht mehr wie es ist, tief zu schlafen. Er träume vom Krieg, immer, jede Nacht. Keine Nacht, in der er nicht von Feuer träume und in Angst und Panik aufwache. „Sie wissen ja gar nicht wie das ist, jede einzelne Nacht davon zu träumen“, meinte er zu mir. Ich stimmte ihm zu, dass ich zum Glück tatsächlich nicht wisse, wie Krieg ist und wie froh ich darüber bin.

Danach erzählte Herr Czerny ein bisschen von seinem Leben, über das es seiner Meinung nach eigentlich gar nichts zu sagen gab. Er habe sich nie vorstellen können zu heiraten, dazu sei er einfach nicht freundlich genug und fügte hinzu: „Wer will schon mit jemandem zusammen sein, der immer an den Krieg denkt und nicht schläft." Tatsächlich hatte Herr Czerny wenig Besuch, ein ehemaliger Arbeitskollege kam vorbei und manchmal eine Nachbarin, die seine Katze betreute. Familie hatte er nicht.

Bei meinen nächsten Besuchen begrüßte er mich nicht unbedingt freundlich, aber auch nicht ablehnend. Und jedes Mal kamen wir auf den Krieg zu sprechen, auf die Bilder von Feuer und gleißendem Licht. „Ich kann dieses verdammte Feuer sogar riechen, immer noch, nach so langer Zeit", sagte er ganz leise.

Er wiederholte die Bilder, seine Erfahrungen immer wieder. In einem dieser Gespräche setzte er sich für mich völlig unvermittelt auf und meinte: „So, jetzt erzähle ich ihnen mal was. Dann werden Sie auch nicht mehr lächeln."

Er erzählte von einer Scheune, die er als Soldat in Brand gesteckt hatte, ohne zu wissen, wer in der Scheune war. Er erzählte von Erschießungen mit ihm mittendrin. Er erzählte, wie abgestumpft er war, dass ihm das alles gar nichts ausgemacht hatte. Sein Freund habe sich geweigert zu schießen, er nicht. „Mir hat das nichts ausgemacht, ich habe geschossen", meinte er.

Eine Stunde lang erzählte er von ganz grauenvollen Ereignissen und Handlungen und ich hörte immer fassungsloser zu. „Ich habe das noch nie jemandem erzählt, aber jetzt ist es ja egal, jetzt steckt mich niemand mehr ins Gefängnis", meinte er zum Abschluss, „aber ich kann nichts ändern, das alles habe ich getan."

Wir schwiegen eine Weile und das einzige, was mir zu sagen einfiel, war: „Sie waren doch noch so jung, so entsetzlich jung."

In der kommenden Nacht konnte ich auch nicht gut schlafen und fühlte mich richtiggehend erschlagen von dieser einen Stunde Grauen.

Zwei Tage später klopfte ich wieder an der Tür von Karl Czerny, angespannt, ich wusste weder wie er noch wie ich reagieren würde. Er freute sich sichtlich, als er mich sah und meine Anspannung verflog. Wir redeten wieder über das Wetter und seinen Schlaf und den ganzen Krankenhausalltag, so als hätte er nie etwas anderes erzählt.

Am Ende des Gesprächs lud ich Herrn Czerny zum Gottesdienst am Sonntag ein. Ich hatte das vorher nicht überlegt, aber ich hatte die Predigt unter dem Eindruck seiner Erzählungen geschrieben. Ich dachte, die Predigt könnte vielleicht für ihn passen, selbst wenn er Kirche nicht wollte und brauchte.

„Darf ich denn kommen?", fragte er sofort. Ich verstand seine Reaktion nicht und erklärte ihm, dass ein Gottesdienst selbstverständlich immer für alle offen sei und jeder kommen kann.

„Es ist wegen dem Segen am Schluss", sagte er, „können Sie den sprechen, wenn ich da bin?

Diese Frage rührte mich unendlich und ich umarmte ihn spontan – zu meiner eigenen Verwunderung. Noch wenige Tage zuvor hätte ich das als völlig übergriffige Handlung eingeschätzt, doch in diesem Moment war es für mich stimmig und richtig und ich glaube und hoffe auch für Herrn Czerny.

In dieser Berührung sprach ich ihm den Segen ganz persönlich zu.

Karl Czerny besuchte tatsächlich den Sonntagsgottesdienst, äußerte sich freundlich über meine Predigt und wurde wenige Tage später in ein Hospiz entlassen.

10.
ICH BIN AUS DER KIRCHE AUSGETRETEN

„Es tut mir leid, aber ich bin aus der Kirche ausgetreten“, begrüßte mich Änne Brugger, nachdem ich mich vorgestellt hatte. Ich blieb entsprechend nur kurz, um nicht aufdringlich zu sein. Eine Woche später klopfte ich wieder, weil ich aus Versehen die Zimmertür verwechselt hatte. Als ich mich gerade entschuldigen wollte, meinte Frau Brugger: „Das ist aber schön, dass Sie trotzdem wiederkommen.“ So nahm ich mir einen Stuhl und setzte mich zu ihr.

Sie erzählte von ihrem Leben in einem kleinen Dorf, in dem die Welt noch in Ordnung war. Von Kindheit an arbeitete sie im elterlichen Betrieb mit, später im Betrieb ihres Mannes. „Ich kenne nur Arbeit und Pflicht, Urlaub kenne ich eigentlich gar nicht. Einmal waren wir auf Mallorca, aber wir wussten gar nicht, was wir dort sollen“, erzählte sie. Entsprechend schwer fiel es Frau Brugger, seit Wochen im Bett zu liegen und nichts tun zu können. „Sie glauben gar nicht, wie schrecklich das für mich ist. Manchmal möchte ich raus, wo kein Loch ist“, erzählte sie, „und das Ganze ist ja erst der Anfang.“ Sie hatte eine schwere Krebsoperation überstanden und vor ihr lag eine lange Chemotherapie. Ihr Mann war ein halbes Jahr zuvor plötzlich gestorben und während des Gesprächs nahm sie immer wieder sein Bild vom Nachttisch. „Mein Mann fehlt mir so“, erklärte sie und fügte hinzu, dass sie ja noch gar nicht wisse, wie es ist, ohne ihn zu leben.

„Immer, wenn ich es gar nicht aushalte, dann bete ich“, erzählte sie, „das habe ich so von meinen Eltern gelernt und es hilft, das sehen Sie doch auch so, oder?“ Ich stimmte ihr zu und merkte, dass ich begann zu überlegen, warum sie wohl aus der Kirche ausgetreten war.

Noch nachdenklicher wurde ich, nachdem wir gemeinsam ihr abgegriffenes Fotoalbum angeschaut hatten. Sie beschrieb mir jedes Familienfest, die Taufe ihrer Kinder, deren kirchliche Trauung, die Erstkommunion der Enkel, sogar Bilder der kirchlichen Bestattung ihres Mannes waren dabei.

Nach einer Weile glaubte ich, ihre ganze Familie zu kennen, die Einrichtung des Hauses, den Garten und jedes Haustier, den handwerklichen Betrieb und die Kirche vor Ort. Sie freute sich jedes Mal, mich zu sehen und betonte, wie wichtig es ihr sei, dass ich als Pfarrerin sie besuche. Nach einem kurzen Urlaub sprach mich eine Pflegerin an, dass Frau Brugger richtiggehend auf mich gewartet habe, sie habe schon versucht, mich telefonisch zu erreichen.

„Endlich kommen Sie, ich muss Ihnen etwas erzählen“, begrüßte sie mich sofort, „am Wochenende kommt meine Tochter.“

Ich wusste, dass ihre beiden Töchter sich liebevoll um sie kümmerten und entsprechend fragend schaute ich Frau Brugger vermutlich an. „Nicht die, an die Sie denken, es gibt noch eine andere Tochter“, sagte sie fröhlich. Und sie erzählte mir die Geschichte ihrer frühen Schwangerschaft mit 16 Jahren, vom befürchteten Skandal im Dorf und ihrer Zeit in einem Mutter-Kind-Heim bis zur Geburt. „Das war damals so und ich fand es auch gar nicht so schlimm“, sagte sie, „wir haben uns dort alle gut verstanden und ich war froh, als es endlich vorbei war und ich neu anfangen konnte.“ Diese Tochter habe den Kontakt zu ihr gesucht, als sie erwachsen war. Sie sei froh zu wissen, dass sie in eine gute Pflegefamilie gekommen sei, die ihr viel zu bieten hatte. Stolz erzählte Frau Brugger, wie klug und gebildet diese Tochter sei, so erfolgreich, dass sie sogar an der Universität arbeitete. Sie freue sich heute über diese Tochter, aber sie seien sich doch fremd geblieben. „Sie lebt in einer anderen Welt“, meinte sie, „ich kann da gar nicht mitreden.“

Und dann erzählte sie, was sie damals zutiefst verletzt und gekränkt hatte: „Als ich nach der Geburt zurückkam, noch völlig durcheinander und erschöpft, ist meine Tante gestorben. Und dann, bei der Beerdigung, hat der Pfarrer allen die Hand gegeben, nur mir nicht. Bei mir hat er sie zurückgezogen. Und das haben alle gesehen.“ Sprachlos fragte ich nach, ob das nicht auch ein Versehen gewesen sein könne. Frau Brugger verneinte das entschieden, auch später habe ihr der Pfarrer nicht die Hand gegeben. Als sie mein erschrockenes Gesicht sah, versuchte sie plötzlich, mich zu trösten und sagte: „Machen Sie sich doch keine Gedanken, es war doch ein katholischer Pfarrer, Sie können doch nichts dafür.“

Ich widersprach ihr, betonte, dass es für mich unbegreiflich sei, wie man im Namen Jesu so überheblich sein kann. Das Verhalten des Kollegen sei für mich unerträglich, egal welcher Konfession der Pfarrer angehöre. Einer spontanen Eingebung folgend stand ich auf und sagte in fast schon offiziellem Ton zu ihr: „Liebe Frau Brugger, im Namen aller Kirchen, die sich auf Jesus berufen, möchte ich mich bei Ihnen für das entsetzliche Verhalten dieses

Pfarrers entschuldigen. Es tut mir unendlich leid, dass Sie so verletzt und zurückgestoßen wurden." Sie schaute mich verwundert an und machte zunächst eine ablehnende Handbewegung. Doch dann zögerte sie und sagte: „Wissen Sie was, vielleicht haben Sie Recht. Es tut mir gut, das zu hören."

Wenige Tage später erzählte sie mir fröhlich von dem Besuch der anderen Tochter: „Wissen Sie, meine Tochter und ich, wir sehen uns nicht oft und wir kennen uns nicht gut. Aber es ist so schön, dass es sie gibt."

Änne Brugger wurde nach Hause entlassen und rief mich wenige Monate später an. Sie hatte mit der Pfarrerin vor Ort gesprochen, ihr von unseren Gesprächen erzählt und um eine kirchliche Beerdigung gebeten, obwohl sie aus der Kirche ausgetreten sei. Die Pfarrerin sei sehr freundlich gewesen und nun sei alles gut geregelt, meinte sie und verabschiedete sich ganz herzlich von mir.

11.
VON DER SCHÖNHEIT SIEBENBÜRGENS

Herbert Adler kam zu Fuß auf die Palliativstation, aber es brauchte die Unterstützung zweier Menschen, um ihm ins Bett zu helfen. Er war am Ende seiner Kräfte, extrem unbeweglich und übergewichtig. Nach dieser großen Anstrengung für alle ist Herr Adler nie mehr aus diesem Bett aufgestanden.

Für die aus Siebenbürgen stammende Familie kam die Krebsdiagnose des Mannes völlig überraschend.

Der Hausbau der Schwester von Herrn Adler war das große Thema der vergangenen Wochen und Monate gewesen. Vieles wurde in Eigenarbeit geleistet, alle hatten mit angepackt. Die Familie war gerade in das neue Haus gezogen und der Einzug wurde mit einem großen Fest gefeiert, über Tage, wie Herr Adler erzählte. „Das ganze neue Haus war voller Lachen und wunderbarem Essen und Freude“, erzählte er, „und ich immer mittendrin.“

Verwandte aus Siebenbürgen waren extra dazu angereist, sogar eine alte Freundin aus Kinder- und Jugendtagen, die Herbert Adler jahrzehntelang nicht gesehen hatte, war gekommen. „Meine große Liebe“ nannte sie Herr Adler liebevoll und seine Frau lächelte freundlich dazu und nahm seine Hand. Erst nach diesem Fest ging Herr Adler zu seinem Hausarzt, der ihn sofort ins Krankenhaus überwies. Zu diesem Zeitpunkt war die Krebserkrankung schon so weit fortgeschritten, dass er nur wenig später auf die Palliativstation verlegt wurde.

Dort erzählte er in allen Einzelheiten von dem großen Fest. Wie wunderbar es war und wie sehr er die Begegnung mit seinen Verwandten aus Siebenbürgen genießen konnte. Herr Adler war dabei voller Leben und Begeisterung, nur eines versuchte er nicht: sich in irgendeiner Weise zu bewegen.

Für die Pflegenden wirkte diese Haltung schon fast provozierend, zumal es keine eindeutige medizinische Erklärung dafür gab. Es bedeutete für sie eine enorme körperliche Belastung und Mehrarbeit.

Für die Familie war diese Unbeweglichkeit ähnlich unbegreiflich und auch bedrohlich. Sie hatten gerade erst von der Krebserkrankung erfahren und gingen selbstverständlich davon aus, dass Herr Adler bald nach Hause entlassen würde. Er selbst sprach sogar davon, nach einer Zeit der Krankschreibung wieder zu arbeiten.

„Aber wie sollen wir ihn zu Hause versorgen“, meinte die Ehefrau, „das schaffen wir doch gar nicht.“

Viele Gespräche drehten sich daraufhin um die Zukunft, Pflegealternativen, Hospiz, ambulante Unterstützung, Hoffnung auf neue Beweglichkeit. Die Situation wurde schwer, viel länger konnte Herbert Adler kaum auf der Palliativstation bleiben – die gesamte Familie musste eine Entscheidung treffen.

Herr Adler selbst war sehr eindeutig in seinem Wunsch, nach Hause zu gehen. Aber er bewegte sich nicht.

Herr Adler redete auch in keinem Gespräch mit mir über die Zukunft, sondern ausschließlich über die Vergangenheit. Er erzählte mir von Siebenbürgen, seinem Beruf als Schreiner, der Geburt der Kinder, dem Ankommen in der Bundesrepublik.

An einem extrem heißen Tag im Sommer, wir schwitzten beide trotz Ventilator und Markise, sprach er über seine Kindheit in Siebenbürgen: „Es war wunderschön dort", betonte er gleich zu Beginn, „ich habe so schöne Erinnerungen. Sie können sich gar nicht vorstellen, wie es ist, durch die große Weite der Berge dort zu reiten, ohne Sattel, einfach so. Und besonders im Winter, wenn es dort kalt ist und alles weiß. So eine wunderbare Ruhe, eine unglaubliche Stille." Herr Adler erzählte in aller Ausführlichkeit, wie er regelmäßig geritten sei, wie schön der Schnee dort war, welche wunderbaren Erinnerungen ihn sein ganzes Leben begleiten, mit Leichtigkeit durch die Landschaft zu schweben und immer, wenn er davon erzählte, wirkte er froh, in sich gekehrt und in Gedanken bei diesen schneebedeckten Bergen und Tälern und Seen.

Von da an erzählte er bei jedem Besuch vom Winter in Siebenbürgen, die folgenden zwei heißen Sommerwochen lang. Er wurde schwächer, hörte auf zu reden und starb wenig später.

Nach seinem Tod war die ganze Familie in seinem Zimmer versammelt, ich sprach den Segen und wir redeten über sein Leben. Wie sehr er in diesen Tagen die Erinnerungen an seine Kindheit in Siebenbürgen genossen hatte, das Reiten in der weißen Steppe, erzählte ich und sah unerwartet in ganz ungläubige Gesichter: „Reiten? In Siebenbürgen? Sie hatten ein Pferd, ja, aber reiten, das kann ich mir gar nicht vorstellen", hörte ich zu meiner Verwunderung.

Wie es wirklich war damals in Siebenbürgen, mit der wunderbaren Stille, der Weite der Landschaft und dem weißen Schnee, werden wir nie wissen. Schön war es aber auf jeden Fall.

12.
VERGESSEN SIE ES, ICH STEHE NICHT MEHR AUF

Eine Physiotherapeutin sprach mich an, ob ich nicht mal bei Herrn Othmar vorbeischauen könne, er würde sich völlig jeder Behandlung verweigern, nichts würde er mit ihr auch nur versuchen. Alle hätten schon mit ihm gesprochen, die Psychologin sei schon dagewesen, auch der Chefarzt, aber er würde einfach im Bett liegen und sich auf nichts einlassen.

Entsprechend freundlich wurde ich von Sebastian Othmar begrüßt: „Jetzt schicken sie mir also schon den Pfarrer. Sie sollen auf mich einreden, stimmt's?"

Ich konnte ihm da kaum widersprechen und wir begannen eine relativ oberflächliche Unterhaltung über seine Schwierigkeiten mit den Abläufen im Krankenhaus.

Dann erzählte er mir seine Sicht der Krankheit. Wegen Schmerzen und Übelkeit war er zum Arzt gegangen, ohne sich etwas Böses dabei zu denken. Vor zwei Wochen teilte man ihm dann die Diagnose einer sehr aggressiven Krebserkrankung mit. Nach eigener Recherche im Internet sei er zu dem Schluss gekommen, dass sein Leben dann eben zu Ende sei. Er wolle das alles nicht mehr, was ihm die Ärzte vorschlugen. Er werde jetzt sterben.

Meine Bemerkung, dass das mit dem Sterben nun so

schnell auch nicht immer gehe, quittierte er mit einem wohlwollenden Lächeln.

Dann fügte er hinzu: „Es ist nicht verkehrt, dass Sie da sind, ich habe zwei Anliegen und als Sterbender habe ich bei Ihnen doch bestimmt gute Karten. Erstens hätte ich gerne das Buch von Margot Käßmann: ‚Das Zeitliche segnen'. Zu Hause liegt es auf meinem Schreibtisch, doch da liegt es gut. Ich würde es gerne als eines meiner letzten Bücher lesen, das passt doch, oder was meinen Sie?"

Ich konnte ihm problemlos zusagen, das Buch in den nächsten Tagen vorbeizubringen. Er bedankte sich und ließ sich Zeit mit dem zweiten Anliegen. Dann sagte er in ernstem Ton: „Wie geht Beten, das ist meine zweite Bitte, das würde ich gerne von Ihnen wissen." Die Frage überraschte mich und ich antwortete zögerlich, dass Beten ganz einfach sei, dass ich eben das formuliere, was in meinen Gedanken ist und hoffe, dass mein Gegenüber mich hört. Darüber war Herr Othmar fast schon ärgerlich: „Wenn das alles so einfach wäre, hätte ich Sie ja nicht fragen müssen", meinte er. Er wollte genauer wissen, was ich denn so bete. Das fand ich nun ziemlich persönlich, aber dann fiel mir ein, dass ich ihn ja einfach in den nächsten Gottesdienst einladen konnte, da betete ich ja tatsächlich immer öffentlich. „Netter Versuch", konterte er meine Einladung und fügte hinzu: „aber vergessen Sie es, ich stehe nicht mehr auf. Ich gehe nirgendwo mehr hin außer auf die Toilette."

Ich erzählte ihm, dass ich oft abends, bevor ich nach Hause gehe, in der Kapelle bin und mir alle Gespräche des Tages durch den Kopf gehen lasse. „Von ganz alleine wird das dann zum Gebet", versuchte ich, es zu beschreiben,

„und wenn ich gar nichts weiß, habe ich immer noch das Vaterunser.“

Bei unserem nächsten Gespräch erzählte Herr Othmar, dass er sich das Vaterunser auf seinem Laptop genau angeschaut hätte. Die Betonung der Schuld wäre ihm noch nie so aufgefallen. Er habe sich überlegt, wer denn seine Schuldiger seien. „Eine witzige Frage für einen Banker wie mich, finden Sie nicht?“, fragte er mich. Und er fügte nachdenklich hinzu, dass er glaube, er sei wohl dem Leben einiges schuldig geblieben. Die Bank sei ihm immer zu wichtig gewesen und er fürchte, er sei kein freundlicher Vorgesetzter gewesen.

„So bin ich halt“, fügte er hinzu, „und jetzt nerve ich das Krankenhaus und mache nichts richtig, da mache ich wohl nochmal ganz neue Schulden.“ Er erzählte, dass er wohl demnächst in ein Altenheim verpflanzt werde, „denn in einem Krankenhaus muss man sich behandeln lassen und zu Hause muss man aufstehen und freundlich lächeln. Beides will ich nicht.“

Wir hatten danach noch ein sehr unterhaltsames und freundliches Gespräch über die Kirche, die Bankenkrise und Gott und die Welt, dann fuhr ich auf eine Tagung. Als ich zurückkam, brachte mir ein Pfleger das Buch, das ich Sebastian Othmar geliehen hatte und meinte, er sei völlig überraschend einen Tag vor der Verlegung in die Kurzzeitpflege gestorben.

13.
WOHIN MIT DEM GANZEN ZEUG?

Hella Haslinger lernte ich bei einem meiner Rundgänge über die Station kennen. Eine hoch gebildete, interessante und interessierte Dame, die kürzlich ihren neunzigsten Geburtstag gefeiert hatte. Nachdem wir dieses und jenes im Smalltalk erörtert hatten, ließ sie mich recht unvermittelt an ihrer großen Not teilhaben, die ich beim ersten Eindruck so nicht erwartet hätte: ihrer Einsamkeit. Sie war kinderlos und hatte nie geheiratet. Dafür hatte sie aber als eine von ganz wenigen Frauen damals Biologie studiert und auch noch promoviert und dann eine kleine, aber sehr angesehene Beratungsfirma gegründet. Nach ihrem Ruhestand hatte sie ihr Wissen noch mehr als zwei Jahrzehnte lang ehrenamtlich verschiedenen Non-Profit-Organisationen zur Verfügung gestellt. Und obwohl sie viel unter Menschen war und zahllose Kontakte in alle Welt gepflegt hatte, litt Frau Haslinger sehr darunter, dass es niemanden gab, mit dem sie ihr Leben wirklich und von Herzen teilen konnte. Niemanden, dem sie sich als ganze Person anvertrauen konnte, der zu ihr stand und für sie da sein würde, wenn es drauf ankam. Jetzt, da sie nicht mehr funktionierte, nicht mehr für andere verfügbar sein konnte und zunehmend selbst auf Hilfe angewiesen war, jetzt zeigte sich aus ihrer Sicht, wie einsam sie im Grunde all die Jahre auch ihres aktiven Lebens gewesen war, obwohl sie immer von vielen Menschen umgeben war.

Vieles hatte sie schon versucht, hatte verschiedene Kontaktbörsen bemüht, vom kirchlichen Frauenkreis über den Seniorenchor bis hin zur Zeitungsrubrik „gemeinsame Unternehmungen“ – sie hatte niemanden gefunden, der an ihrem Gefühl von Einsamkeit etwas ändern konnte, immer gab es ein Hindernis zu einer engeren Beziehung.

Die engste Verwandte von Frau Haslinger war ihre Schwester, drei Jahre und einen Tag jünger als sie. Mit ihr feierte sie immer gemeinsam Geburtstag; sie hatte eine große Familie mit Kindern, Enkeln und Urenkeln. Frau Haslinger lebte in dem Gefühl, dass ihre Schwester die doppelte Portion Glück im Leben abbekommen hatte – nämlich auch das Glück, was eigentlich ihr zugedacht gewesen wäre.

Hella Haslinger war keine besonders fromme Frau, war das vermutlich auch nie gewesen, aber sie haderte mit ihrem Schicksal und mit Gott, warum sie überhaupt noch am Leben war, wo doch alles keinen Sinn mehr hatte. Das einzige, was sie noch wollte, war, ihre Unterlagen zu sortieren, damit ihre Nichten nach ihrem Tod keine Arbeit damit haben würden.

Wir trafen uns noch das eine oder andere Mal, bevor Frau Haslinger entlassen wurde und immer gab es einen Teil des Gesprächs mit der eloquenten und gesellschaftlich hoch angesehenen Frau und einen anderen Teil, in dem sie sich in ihrer ganzen Verletztheit und Einsamkeit zeigte und in dem ihre Gedanken um den eigenen Tod kreisten, den sie herbeisehnte und für den sie gleichzeitig noch so vieles vorbereiten wollte.

Bevor sie entlassen wurde, konnte ich Frau Haslinger den Kontakt zu einem Hospizhelfer vermitteln, der in den nächsten Monaten mit ihr zusammen ihre Unterlagen durchsehen und sortieren konnte. Sie würde alles wohlgeordnet hinterlassen, erzählte sie mir bei ihrem nächsten Klinikaufenthalt. Aber wirklich beruhigt war sie davon nicht. Nun kreisten ihre Gedanken um das Thema Beerdigung und um einzelne Dinge aus ihrem Nachlass, die sie diesem oder jenem noch zugedenken wollte. Dabei stellte sie immer wieder ihre eigenen Entscheidungen infrage und disponierte um. Sie regelte ihr Begräbnis mit dem Bestatter: Es würde eh nur ihre Schwester und eventuell noch eines ihrer Kinder kommen; so sollte alles kurz und schnörkellos am anonymen Urnenfeld stattfinden. Auch hier nahm sie immer wieder Änderungen vor und suchte den Bestatter mehrfach auf.

Etwa zwei Jahre lang kam Frau Haslinger regelmäßig in „meine" Klinik, zwischendurch war sie auch in anderen Krankenhäusern, denn sie hatte viele gesundheitliche Baustellen. Mehrfach hatte sie das Seniorenwohnheim gewechselt, weil sie stets unzufrieden war mit der Betreuung durch die Pflege und mit dem mangelnden Kontakt zu den Mitbewohnern. Das Thema Einsamkeit und der Wunsch, aus dem Leben auszusteigen, wurden immer stärker.

Kurz vor Ostern traf ich sie wieder auf Station. Körperlich war sie sehr geschwächt und konnte kaum mehr alleine aufstehen. „Warum kann man das alles nicht einfach beenden?", so fragte sie immer und immer wieder. Ich machte ihr Mut, mit den Ärzten die Therapiegrenzen zu besprechen. In einem längeren Gespräch mit dem Chefarzt wurde festgelegt, was alles nicht mehr gemacht würde und dass die Medikamente, die Frau Haslinger noch bekommen sollte, ausschließlich der Schmerzbehandlung dienen sollten.

Nach diesem Gespräch ging es Frau Haslinger zunächst ausgezeichnet. Sie war ungewöhnlich humorvoll und nachsichtig gegenüber dem steten Zeitmangel und der Unvollkommenheit der Krankenschwestern. Dann kam der Tag, an dem sie schier nicht mehr wach zu kriegen war. Ich saß lange an ihrem Bett und erzählte ihr aus ihrem Leben, ich sprach ein Gebet und einen Segen und verabschiedete mich. Ihre Schwester wurde angerufen; sie kam, gestützt von ihrer Tochter. Diese Szene wiederholte sich in den kommenden zwei Wochen dreimal; jedes Mal war Hella Haslinger am Tag nach dem vermeintlichen Abschied wieder munter, wenn auch jedes Mal etwas weniger. Nun, da sie auf der Zielgeraden zum lang ersehnten Sterben war, schien sie eher die Handbremse anzuziehen. Ich hatte das Gefühl, sie versuchte, dem Leben doch noch etwas von der Wärme und Zuneigung abzuringen, die sie in den vergangenen Jahren so sehr vermisst hatte. Für eine Sterbende haben Menschen meist mehr Zeit als sonst. Vielleicht war es auch diese Gewissheit, die ihr half, über ihren Schatten zu springen und eine Handvoll Menschen anzurufen, die ihr im Leben wichtig gewesen waren und zu denen der Kontakt – aus unterschiedlichen Gründen, aber immer zu ihrer Betrübnis – abgebrochen war. Drei davon kamen sie besuchen.

Ob es noch etwas gab, was ungeklärt war und was sie festhielt?

Nachdem Frau Haslinger das vierte Mal einen Tag im Koma verbracht hatte, wachte sie zwar wieder auf, blieb aber kraftlos und verwirrt. Diesmal war ich mir ganz sicher: Es würde unser letztes Gespräch sein. In ihrer Kraftlosigkeit war sie sehr unruhig. „Wohin mit dem ganzen Zeug? Ich kann das alles doch nicht so unordentlich zurücklassen“, sagte sie mehrfach von Dingen, die wohl nur für sie selber sichtbar waren.

Vom Hospizhelfer wusste ich, dass Frau Haslinger ihre Angelegenheiten äußerst gründlich in Ordnung gebracht hatte.

„Doch“, sagte ich zu ihr, „Sie dürfen das jetzt zurücklassen. Sie dürfen ablegen, was sie noch umtreibt, dafür sind jetzt andere zuständig. Sie dürfen es ablegen und frei sein. Sie dürfen gehen.“ Frau Haslinger strahlte über das ganze Gesicht: „Meinen Sie wirklich?“

„Ja, da bin ich ganz sicher.“ Das Lächeln blieb, Frau Haslinger wurde ruhiger, auch als sie seufzte: „Das mit den drei großen ‚A‘ werde ich wohl nicht mehr hinkriegen.“

Es wird ihr Geheimnis bleiben, was es mit diesen drei ‚A‘ auf sich hatte. Aber die Zusage, dass sie auch diese drei ‚A‘ ablegen dürfe und sie nicht weiter mit sich herumtragen müsse, ließ sie einen Seufzer der Erleichterung ausstoßen. Dann bat sie um ein Gebet für den Weg, der vor ihr lag.

Wir umarmten uns sehr herzlich. Es war tatsächlich unser letztes Gespräch. Kurz darauf war Frau Haslinger, hoffentlich ohne ihre vielen Lasten, auf Reisen gegangen.

Von ihrer Schwester hatte sie sich Gott sei Dank noch wenige Wochen vor ihrem Tod überzeugen lassen, ihre Trauerfeier doch in die Friedhofskapelle zu verlegen, denn auch die Schwester war ja hochbetagt und hätte nicht mehr bei Wind und Wetter am anonymen Urnenfeld stehen wollen. Obwohl nur wenige Traueranzeigen verschickt wurden, war die Kapelle fast bis auf den letzten Platz gefüllt. Hella Haslinger wäre sehr erstaunt gewesen und hätte sich gefreut.

14.
DIE PARTY BIS ZUM SCHLUSS AUSKOSTEN

Gisela Daubermann war eine stattliche Frau, der man ihre 75 Jahre kaum ansah und die viel Wert auf Sport und auf ihren aufrechten Gang legte.

Sie kam in die Klinik wegen eines leichten Eingriffs, einer harmlosen Routineoperation. Aus ungeklärten Gründen erlitt sie am Tag nach der Operation im Zimmer einen Herzstillstand. Die Bettnachbarin klingelte, man versuchte, sie zu reanimieren – es gelang nach 24 Minuten. Ihr Allgemeinzustand war sehr schlecht, Frau Daubermann wurde auf die Intensivstation gebracht und intubiert.

Wie sich schnell herausstellte, war die Hirnschädigung, die sie in den 24 Minuten ohne Sauerstoff erlitten hatte, so massiv, dass sie aller Wahrscheinlichkeit nach nicht mehr zu einem Bewusstsein ihrer selbst gelangen würde oder mit der Außenwelt würde kommunizieren können. Als der neurologische Befund vorlag, waren die beiden Kinder sehr schnell davon überzeugt, dass ihre Mutter so nicht hätte leben wollen. Zwischen ihnen und dem Behandlungsteam herrschte Einigkeit darüber, dass die lebensverlängernden Maßnahmen eingestellt werden sollten. Allerdings wollte die zuständige Ärztin die Beatmung nicht ausschalten. Die Hoffnung war, dass Frau Daubermann noch einmal zum selbstständigen Atmen kommen würde. Dann würde man sie extubieren und bei der nächsten Komplikation auf eine neue Beatmung oder andere Maßnahmen verzichten, nur noch Schmerzen und Atemnot lindern und sie so in Frieden sterben lassen. Die Ärztin ging davon aus, dass das angesichts des geschwächten Gesamtzustands von Frau Daubermann dann eine Frage von wenigen Stunden sein würde.

Tatsächlich konnte sie nach zwei Tagen wieder selbstständig atmen. Die Schläuche wurden entfernt und die Kinder beschlossen, bis zum letzten Atemzug bei ihrer Mutter zu bleiben. Erstaunlicherweise atmete Frau Daubermann aber immer weiter, gut und regelmäßig. Nach vielen Stunden des bangen Wartens beschlossen die Kinder, dass nur einer von ihnen die Nacht am Bett der Mutter verbringen sollte. Zwei Tage hielten sie die 24-Stunden-Anwesenheit durch, dann verbrachten sie die Nächte zu Hause. Frau Daubermann atmete weiter, zeigte aber, wie erwartet, keinerlei Reaktionen auf äußere Reize.

Nach zwei weiteren Tagen musste die Tochter unbedingt an ihren Arbeitsplatz zurück. Der Sohn wohnte 400 Kilometer entfernt. Er entschloss sich, sein Geschäft für vier Wochen zu schließen. Das war eine große wirtschaftliche Herausforderung für ihn, aber für vier Wochen, so meinte er, wäre das möglich, das sei er seiner Mutter schuldig. Und niemand erwartete, dass Frau Daubermann tatsächlich noch so lange leben würde. Auf Nahrungszufuhr wurde verzichtet, lediglich Flüssigkeitsinfusionen bekam sie noch. Frau Daubermanns Herz schlug weiter, auch wenn sie sonst keinerlei Regung zeigte. Sie wurde wieder auf die Normalstation verlegt, der Sohn war tagsüber bei ihr, die Tochter kam, sooft sie konnte.

Nach drei Wochen wurde der Sohn unruhig, er musste zurück nach Hause, es wäre auch nicht im Sinne seiner Mutter, wenn sein Geschäft über ihrem Sterben insolvent gehen würde.

Irgendwann zeigte mir die Tochter die Todesanzeige, die sie bereits mit ihrem Bruder erstellt hatte, auf der nur noch das Datum einzutragen war. Auch die Briefumschläge mit Adressen waren alle zum Verschicken vorbereitet. Einmal wurden die Geschwister nachts angerufen, weil es so aussah, als würde sich der Zustand von Frau Daubermann weiter verschlechtern, aber am nächsten Morgen hatte sie sich auf dem vorhergehenden Niveau wieder stabilisiert. Immer wieder überlegten die Geschwister, ob es etwas gäbe, was sie daran hindern würde loszulassen, aber es fiel ihnen nichts ein. Immer wieder erzählten sie der Mutter Geschichten aus ihrem gemeinsamen Leben, brachten ihre Dankbarkeit zum Ausdruck und sagten ihr auch, dass sie gehen dürfe. Ein Zeichen, dass sie von der Anwesenheit ihrer Kinder überhaupt etwas mitbekam, gab es nach wie vor nicht.

Am Abend, bevor er seine Koffer packen musste, sagte mir der Sohn: „Inzwischen habe ich das Gefühl, meine Mutter will die Party einfach bis zum Schluss auskosten. Vielleicht findet sie es einfach zu schön zum Sterben, wenn wir die ganze Zeit um sie sind. Vielleicht will sie das so lange wie irgend möglich genießen. Aber morgen ist die Party zu Ende, ich muss einfach nach Hause, es hilft nichts."

Ich bin mir sicher, dass der Sohn Recht hatte. Nur wenige Stunden, nachdem er abgereist war, hörte Gisela Daubermann auf zu atmen.

15.
EINMAL GESEHEN WERDEN

Harald Bindels war schon länger in der Klinik. Ich kannte ihn vom Sehen, weil er häufiger mit seinem Infusionsständer über den Flur lief. Sein Äußeres machte deutlich, dass ihm Körperpflege nicht viel bedeutete, sein Gesichtsausdruck hatte etwas Unnahbares. Mein Versuch, mit ihm im Vorbeigehen ein Gespräch anzufangen, endete abrupt, als er hörte, dass ich etwas mit der Kirche zu tun hätte. Sofort reagierte er: Was die Kirche alles Schlimmes in der Geschichte getan habe, die Kreuzzüge und noch viel mehr. Damit wolle er nichts zu tun haben. Ich respektierte die Ablehnung und versuchte gar nicht erst, näher mit ihm ins Gespräch zu kommen. Und so ging ich auch nicht zu Herrn Bindels, als ein Pfleger mir sagte, dass er demnächst versterben würde.

Der Zufall – oder wer auch immer – wollte es, dass ich seinen Bettnachbarn besuchte und mit ihm in ein längeres, intensives Gespräch kam. Ob Herr Bindels inhaltlich etwas mitgekriegt hatte, weiß ich nicht, aber er muss gespürt haben, dass eine besondere Atmosphäre herrschte. Jedenfalls sprach er mich, als ich an seinem Bett vorbei und zur Tür gehen wollte, unter einem flapsigen Vorwand an. Ich ging darauf ein und holte mir bald einen Stuhl an sein Bett, denn ich spürte, dass dies ein längeres Gespräch werden würde. Herr Bindels erzählte mir aus seinem Leben. Viele Jahre hatte er allein in einer Hütte im Wald verbracht, hatte die Einsamkeit dort geliebt, nachdem er bei seinen Eltern nicht die Liebe erfahren hatte, die er gebraucht hätte und nachdem er von einer Frau bitterlich enttäuscht worden war. Seine erste Arbeitsstelle endete, als die Firma insolvent ging. Danach hatte er nichts mehr gefunden und sich in den Wald zurückgezogen. So selten wie möglich war er zum Einkaufen in den nächsten Ort gegangen, mit Sozialamt und Jobcenter hatte er sich irgendwie arrangiert. Nur mit ein paar wenigen Menschen hatte er etwas näheren Kontakt und mit denen lebte er in Frieden. Frieden herrschte erst recht im Wald und mit all seinen Bewohnern rund um die Hütte herum. Es zeigte sich, dass Herr Bindels sehr belesen war. Einer seiner Bekannten versorgte ihn wohl umfassend mit Büchern aller Kategorien. Besonders in Sachen Geschichte kannte er sich wirklich gut aus, wenn auch seine Interpretationen manchmal eher eigenwillig waren.

Dieses Leben ging so lange gut, bis er zu husten begann und der Husten schlimmer und schlimmer wurde. Bei einem Arztbesuch stellte sich heraus, dass nicht nur in der Lunge ein Tumor gewachsen war, sondern auch im Magen.

So kam Herr Bindels in die Klinik und es fiel ihm am Anfang äußerst schwer, sich in diesem Setting einzufinden: dauernd unter Menschen, ein enges Zimmer mit zwei Mitpatienten, die ständige Geräuschkulisse und keine Bäume. Eine große Sehnsucht zog ihn in den Wald zurück, aber zugleich genoss er es auch deutlich, hier das erste Mal in seinem Leben umsorgt und gepflegt zu werden.

Immer wieder wurde unser Gespräch von furchtbaren Hustenanfällen unterbrochen. Das Reden strengte ihn sichtlich an und er wurde immer müder – aber ich spürte, dass es ihm unendlich wichtig war, seine Geschichte bis zum Ende zu erzählen; wenigstens dieses eine Mal in seinem Leben wollte er gesehen und gehört werden.

Als er fertig war, konnte er nur noch mühsam die Augen aufhalten. Er wirkte erleichtert. Tut doch gut, mal ein bisschen zu erzählen, sagte er. Vom Wald müsse er sich nun wohl verabschieden.

Zufälligerweise fand sich in meiner Hosentasche eine Kastanie. Ich hatte sie vor einigen Wochen aufgesammelt, weil sie so schön glatt und geschmeidig in der Hand lag. Die holte ich nun hervor und schenkte sie Herrn Bindels, der sie ganz beglückt mit den Fingern umschloss. Ich erzählte ihm, wie die Kastanie in den Boden fallen, Wurzeln schlagen und zu einem neuen, wunderschönen Baum heranwachsen würde, in dem einst die Eichhörnchen springen und die Vögel nisten würden. Er lächelte, hustete, und glitt in einen Erschöpfungsschlaf hinüber. Leise verließ ich den Raum.

Als ich am nächsten Tag wieder auf Station kam, erfuhr ich, dass Harald Bindels eben gerade verstorben war. Ich ging noch einmal in sein Zimmer, um mich von ihm zu verabschieden. Die Kastanie lag neben ihm auf dem Bett, als wäre sie gerade erst aus seiner Hand gefallen.

16.
VERTRAGEN UND UMARMEN

Karl-Heinz Maas hatte schon seit zehn Jahren mit verschiedenen Krebsarten zu kämpfen. Immer wieder schien es, als würde er sich erholen, dann tauchte ein Tumor an anderer Stelle auf und warf ihn zurück aufs Krankenbett und zu einer weiteren Chemotherapie, die er immer schlechter vertrug. Die Arbeit hatte er schon längst aufgeben müssen, nun war er Mitte 60 und gerade in ein Heim in unmittelbarer Nachbarschaft seines älteren Sohnes gezogen, weil er allein zu Hause überhaupt nicht mehr zurechtkam.

Ich besuchte Herrn Maas, als er nach einer kleineren Operation auf der Intensivstation lag und weiter beatmet werden musste, weil er zum selbstständigen Atmen nach dem Eingriff zu geschwächt war. Die zuständige Ärztin hatte mich gebeten, Kontakt mit seiner Familie aufzunehmen, weil es massiven Streit gab.

Herr Maas hatte in einer Patientenverfügung und auch immer wieder mündlich gegenüber seinen Kindern geäußert, dass er nicht beatmet werden wollte und auch sonst keinerlei lebensverlängernde Maßnahmen wünschte. Da seine Frau nach einem Schlaganfall mehrere Wochen und nach seinem Dafürhalten viel zu lang auf einer Intensivstation beatmet worden war, bevor sie starb, wusste er sehr genau, wovon er sprach.

Nichtsdestotrotz hatte sein ältester Sohn am Abend zuvor, als er noch auf Normalstation lag und sich eine Komplikation anbahnte, einer kleineren Operation zugestimmt, ohne die der Vater innerhalb weniger Stunden verstorben wäre. Er argumentierte, dass diese Operation nichts mit der Krebserkrankung direkt zu tun habe, derentwegen der Vater die Patientenverfügung verfasst habe. Es sei durchaus möglich, dass er nach einer Zeit der Erholung wieder zur bisherigen Lebensqualität zurückkehren würde. Und da der Vater ja nun in seiner Nähe wohne und er ihn täglich besuche, könne er, der älteste Sohn, am besten beurteilen, dass dies bei allen Einschränkungen ein durchaus lebenswertes Leben für seinen Vater sei.

Allerdings war sein jüngerer Bruder mit dieser Entscheidung zur Operation überhaupt nicht einverstanden und machte dem älteren heftigste Vorwürfe, den Vater nicht loslassen zu können und ihn unnötig zu quälen.

Ich wollte erst einmal Herrn Maas kennenlernen, bevor ich mit seinen Kindern sprach. Aber kaum stand ich an seinem Bett, stürmte der jüngere Sohn herein. Als ich mich vorstellte, fürchtete er kurz, der Vater sei bereits gestorben, aber dann brach sein ganzer Ärger über den älteren Bruder hervor: der habe sich schon immer rücksichtslos über den Willen anderer hinweggesetzt, habe noch nie Familiengeist gehabt, die eigenen Eltern habe er doch nur als Babysitter für seine Kinder ausgenutzt bis zum Umfallen (vielleicht wäre die Mutter sonst gar nicht gestorben …) und jetzt das – den Vater so zu quälen, nur weil er selbst das brauche …

Er war noch mittendrin, als eben jener Ältere das Zimmer betrat, gerade noch die Rede seines Bruders mitkriegte und laut zur Gegenrede anhob. Ich war froh, dass in diesem Moment die Ärztin hereinkam und den Streit unterbrach; sie hatte mit den beiden einen Gesprächstermin vereinbart.

Dieses Gespräch im Arztzimmer wurde unangenehm laut. Die beiden Söhne schrien sich hemmungslos an, alle Geschwisterrivalitäten der Kindheit und alle Frustrationen ihres Lebens schienen hochzukochen. Die Ärztin und ich bemühten uns immer wieder um eine sachliche Ebene und darum, zum Thema zurückzukehren: Wie sollte es mit der Therapie weitergehen? Es war schwer, in dieser angespannten Lage abzuwägen, aber schließlich erzielten wir Einigkeit darüber, noch drei Tage lang abzuwarten, ob sich der Zustand ihres Vaters tatsächlich noch mal bessern und selbstständiges Atmen in den Rahmen des Möglichen rücken würde oder nicht – dann würde man die Therapie beenden.

Dass diese Situation überhaupt eingetreten war, schien der Jüngere dem Älteren nicht verzeihen zu können.

Nach dem Gespräch lief der ältere Sohn von Station, ohne sich umzudrehen. Ich verabschiedete mich noch von seinem Bruder, der beim Vater blieb, und ging auch Richtung Ausgang. Im Treppenhaus stand plötzlich jener ältere Sohn vor mir; offensichtlich hatte er auf mich gewartet. Er müsse sich einfach noch einmal aussprechen, ob ich einen Moment Zeit hätte. Wir gingen in mein Büro und ich hörte nun aus seiner Sicht, wie unmöglich sich der Jüngere verhalten würde, dass er nie irgendeine Verantwortung übernommen hätte, weder damals für die Mutter noch jetzt für den Vater, dass immer alles an ihm, dem Älteren, hängen bleiben würde und er dafür auch noch beschimpft würde … Und überhaupt, wenn sein Vater tot wäre, würde er seinen Bruder eh nie wiedersehen wollen.

Mich durchzuckte der Gedanke, dass der Vater dann wohl erst einmal nicht würde sterben können.

Und tatsächlich war es so, dass der Zustand von Herrn Maas sich stabilisierte. Als wir uns drei Tage später wieder zu viert im Besprechungsraum trafen, war er recht wach und so gut beieinander, dass er extubiert werden konnte. Alle hofften, dass er bald selbst in der Lage sein würde, seinen Willen bezüglich des weiteren Therapieverlaufs zum Ausdruck zu bringen.

Am nächsten Tag begleitete ich die Ärztin bei der Visite. Der jüngere Sohn stand am Bett von Herrn Maas, der die Augen geöffnet hatte und leise murmelnd auf seine Fragen reagierte. Die Ärztin nutzte die Gelegenheit und fragte Herrn Maas ganz direkt, ob er, wenn es ihm noch einmal schlechter gehen würde, wieder beatmet werden oder lieber sterben wollte. Die Antwort war deutlich: Er wollte sterben.

Aber vorher, so schien es, wollte Karl-Heinz Maas noch seinen Geburtstag feiern, der am übernächsten Tag anstand. Dafür hatte er wohl alle Kräfte zusammengenommen. Der ältere Sohn kam morgens, der jüngere nachmittags, und anstandshalber hatten sie verabredet, mittags kurz gemeinsam beim Vater zu sein, um das traditionelle Geburtstagslied der Familie zu singen. Trotz seiner Schwäche genoss Herr Maas es von Herzen.

Am nächsten Morgen erfuhr ich, dass er im Sterben liege. Ich suchte ihn auf der Intensivstation auf und fand beide Söhne bei ihm. Sie saßen schweigend, der eine links, der andere rechts vom Bett des Vaters und es war, als ob eine unsichtbare Mauer zwischen ihnen stand. Sie luden mich ein, auch Platz zu nehmen und ich setzte mich ans Fußende. Eine ganze Weile schwiegen wir gemeinsam, dann begann ich vorsichtig, nach dem Leben ihres Vaters zu fragen und sie erzählten von seinem Beruf, den er sehr liebte – er war Schreiner gewesen; von den Hausaufgaben, bei denen er seinen Söhnen geholfen hatte; vom Kegelverein, von seiner Zeit als Stadtrat und davon, wie wichtig ihm die Familie und der Zusammenhalt der Familie gewesen war. In der Erinnerung und Beschreibung ihres Vaters waren sich die beiden Söhne ziemlich einig.

Wieder Schweigen. Die Abstände zwischen den Atemzügen von Herrn Maas wurden immer länger. Dann erzählte der Jüngere, was der Vater immer gesagt hatte, wenn die Brüder sich stritten: „Jetzt vertragt euch und umarmt euch!“ Und dann hätten sie sich erst die Hand geben und sich dann umarmen müssen. Es gab Zeiten, da fanden sie dieses Umarmen so furchtbar, dass sie lieber erst gar nicht mit Streiten angefangen hätten. Aber im Nachhinein war das mit dem Umarmen doch gar nicht so schlecht gewesen.

Wir schwiegen wieder. Und warteten auf den nächsten Atemzug von Karl-Heinz Maas, doch der kam nicht mehr. Da stand der Ältere auf, ging ums Bett herum und umarmte seinen Bruder. Sie hielten sich aneinander fest, als sie anfingen zu weinen.

Eine Woche später traf ich die beiden gemeinsam im Treppenhaus, wie sie zusammen Kuchen auf die Intensivstation brachten, um sich bei den Pflegenden zu bedanken.

17.
SO LEICHT UND IMMER LEICHTER

Eigentlich wollte ich einen Besuch am Ende des Flurs machen, aber auf dem Weg dorthin fiel mein Blick in ein Zimmer, dessen Tür offen stand. Nur das vordere Bett in diesem Zimmer war belegt und in ihm erspähte ich eine sehr zarte ältere Dame mit zutiefst fröhlich strahlenden Augen. Sie sah mich so neugierig an, dass ich meinen Weg spontan unterbrach, in ihr Zimmer ging und an ihr Bett trat. Ich stellte mich mit Namen und als Klinikseelsorgerin vor. „Ich habe Sie durch die offene Tür gesehen und dachte, ich schau mal bei Ihnen rein!"

„Das ist gut, dass Sie kommen", erwiderte Henriette Fast, die alte Dame, freundlich und ohne Umschweife, als hätte sie auf mich gewartet. „Ich habe eine Frage und einen Wunsch, können Sie mir dabei helfen?" „Dann fangen Sie doch mit der Frage an", erwiderte ich und zog mir einen Stuhl ans Bett.

„Meine Frage ist: Gibt es ein Hospiz in der Nähe?" Und ohne auf eine Antwort zu warten, fuhr sie fort: „Und meine Bitte: Ich möchte so schnell wie möglich auf den Friedhof."

„Wie meinen Sie das?"

„Ich möchte sterben, am liebsten bald."

Frau Fast sagte das mit einem solchen erwartungsfrohen Strahlen im Gesicht, dass ich mir einen kurzen Moment lang nicht sicher war, ob ich sie richtig verstanden hatte. Aber es gab keinen Zweifel.

Frau Fast spürte wohl mein Erstaunen und erzählte gleich weiter, dass sie selber nie geglaubt hätte, wie sehr man sich aufs Sterben freuen kann. Sie hatte zwei Wochen zuvor einen Traum gehabt, in dem sie immer leichter und leichter geworden sei, es war so ein wunderbares Gefühl und sie war sich sicher, so ist Sterben. Und sie wurde immer noch leichter und noch leichter. Doch dann wachte sie leider auf.

„Denken Sie schon länger ans Sterben?", fragte ich sie. Und ich erfuhr, dass Frau Fast ihren einzigen Sohn acht Jahre zuvor durch einen Unfall verloren hatte. Damals war sie 75. „Und nun möchte ich endlich zu ihm."

Sie sagte das, als würde sie sich auf ein lang ersehntes Weihnachtsfest in der Familie freuen. Frau Fast war unverheiratet geblieben und sehr jung schwanger geworden. Der Vater hatte das Kind nicht gewollt und sie mit Kind schon gar nicht. Anfang der 50er-Jahre hatte sie als alleinerziehende Mutter einen äußerst schweren Stand, hatte sich aber tapfer durchgekämpft. Alles hatte sie für ihren Sohn getan, mit dem sie aufs Engste verbunden war. Drei Jahre vor seinem Tod war sie bei ihm eingezogen. Er selber war nur einmal kurz verheiratet gewesen und kinderlos geblieben.

„Wissen Sie, wenn man am Sterben ist, dann sieht man so vieles anders", sagte sie während unseres Gesprächs. „Lange Zeit wollte ich nicht sterben, weil ich dachte, dann hört keiner mehr die Musik, die ich mit meinem Sohn so gerne gehört habe. Und keiner liest mehr die Bücher, die wir gelesen haben. Keiner teilt mehr unsere Erinnerungen. Und unsere Lieblingstassen, wer wird daraus trinken

… Aber jetzt wird das alles unwichtig. Jetzt, wo ich bald bei ihm sein werde."

Etwas später sagte sie: „Im Leben habe ich oft nur das Schwere gesehen. Jetzt ist es, als hätte ich eine Brille abgelegt. Ich sehe die Liebe, die sich durchzieht. Alles wird leicht, so leicht."

Gegen Ende unseres Gesprächs fragte ich sie, ob sie mit dem Arzt über ihren Wunsch gesprochen hätte, keine lebensverlängernden Maßnahmen zu ergreifen. Nein, so richtig hatte sie das noch nicht getan. Auch eine Patientenverfügung hatte Frau Fast nicht, wollte sich aber gleich darum kümmern. Dazu wollte sie eine Freundin um Hilfe bitten. Und bis dahin sollte doch ich für sie sprechen, wenn es nötig sein würde. Ich bat sie, mich dafür von der Schweigepflicht zu entbinden, was sie sofort tat.

Erst als ich mich verabschiedet und die Zimmertür hinter mir geschlossen hatte, fiel mir auf, dass ich überhaupt nicht wusste, warum Henriette Fast überhaupt in der Klinik war und woran sie litt. War sie überhaupt schwer krank?

Zufällig kam mir in diesem Moment die zuständige Ärztin entgegen. Sie schien ganz erleichtert, mich vor dem Zimmer von Frau Fast anzutreffen. Sie habe gerade die Bilder des gestrigen MRT ausgewertet. Frau Fast wisse davon noch nichts, sie sei ja nur wegen eines Kreislaufkollapses hergekommen. Wie sie wohl reagieren würde, wenn sie erführe, dass sie einen großen Tumor im Darm hat – höchstwahrscheinlich bösartig? Es sähe fast so aus, als könne man nicht mehr operieren. „Wenn sich der Verdacht bewahrheitet", sagte die Ärztin, „dann wird es sehr schnell gehen mit Frau Fast."

18. EINE GUTE ZEIT

Franz Gabler sah so durchsichtig aus wie ein Blatt Pergamentpapier und jedes Mal, wenn ich bei ihm saß, fürchtete ich, dass der nächste Luftzug ihn wegwehen könnte. Herr Gabler war Mitte 70, wurde seit vielen Jahren von unterschiedlichen Krankheiten geplagt und hatte viel Zeit in Klinken verbracht.

„Ich finde, es reicht", sagte er schon bei unserer ersten Begegnung. „Ich bin alt, meine Frau ist tot, die Kinder haben gute Berufe und brauchen mich nicht mehr, was soll ich denn noch hier?"

Dieses Thema zog sich durch und tauchte bei jeder unserer Begegnungen auf. Ich erfuhr, dass eine Tochter in der Nähe wohnte und sich viel um ihn kümmerte, während die andere 800 Kilometer weit entfernt lebte. Der Kontakt zu ihr gestaltete sich mühsam. „Ich habe ja immer guten Willen und möchte, dass wir uns vertragen und es schön haben miteinander. Sie wahrscheinlich auch. Aber immer, wenn sie kommt, dauert es keine Stunde, bis wir uns streiten. Ich weiß eigentlich gar nicht, worüber." Er hatte wohl gemerkt, dass sie die letzten Male immer dafür gesorgt hatte, gleichzeitig mit ihrer Schwester beim Vater zu sein, um die Lage zu entspannen. Aber ihre Besuche waren sowieso selten geworden und am Telefon wusste er nie, was er sagen sollte. Und so telefonierten sie kaum noch und die Besuche reduzierten sich auf das Anstandsprogramm. Herr Gabler war traurig darüber, aber „immerhin hat sie einen guten Beruf. Es ist etwas aus ihr geworden."

Die andere Tochter traf ich gelegentlich an seinem Bett an, wenn ich ihn besuchte. Sie schienen ein harmonisches Verhältnis zu haben. Außer einmal, als ich in eine heftige Diskussion hineinplatzte. Als ich die Tür öffnete, sprang die junge Frau auf, rief mir sichtlich aufgeregt zu, sie müsse jetzt leider gerade gehen und verschwand, ohne sich von ihrem Vater zu verabschieden.

Herr Gabler brauchte einen Moment, bis er die Fassung wieder erlangt hatte. Dann erzählte er mir, dass sie mit dem Arzt über eine Operation gesprochen hätten, die ihn zwar nicht heilen, aber das Leben noch etwas verlängern könnte. Herr Gabler wollte das nicht, er wollte einfach nicht mehr länger leben als unbedingt nötig. Und seine Tochter war furchtbar sauer, weil er nicht alles ausprobieren wollte, um am Leben, um bei ihr zu bleiben. Das schien für sie wie eine persönliche Beleidigung.

Also entschloss sich Herr Gabler seiner Tochter zuliebe doch noch zur Operation. Er wollte nicht so sterben, dass sie es ihm übel nahm.

Tatsächlich verlief die Operation gut und Herr Gabler konnte nach Haus entlassen werden. Vorerst hörte ich nichts mehr von ihm.

Etwa zehn Monate später erhielt ich einen Anruf von der Intensivstation. Ich sollte dringend kommen, Herrn Gabler ginge es schlecht und er wünschte, mich zu sprechen.

Ich fand ihn noch durchsichtiger als früher. Es würde noch nicht einmal mehr einen Hauch von einem Wind brauchen, um ihn davonzuwehen, so dachte ich, als ich mich neben ihn setzte. Aber Herr Gabler war auch sonst verändert. Das Atmen strengte ihn offensichtlich an, doch auf seinem Gesicht lag ein entspanntes Lächeln, das ich so bei ihm noch nicht kannte.

„Jetzt weiß ich, warum ich mich damals habe überreden lassen“, kam er sofort zur Sache. Das bisschen Kraft, das er noch zum Sprechen übrig hatte, musste er sich gut einteilen. „Zehn Monate habe ich geschenkt bekommen. Nun kann ich wirklich sterben, alt und lebenssatt.“

Ich erfuhr, dass, warum auch immer, die Begegnungen mit seiner fernen Tochter sich verändert hatten. Er konnte es selber nicht erklären, aber die beiden hatten sich wieder gefunden. Plötzlich verstanden sie wieder, was der andere meinte und sie wollten voneinander wissen.

„Es ist wie ein Wunder“, sagte Herr Gabler immer wieder. Und das andere Wunder, das seine Augen leuchten ließ wie einen Edelstein: Er wurde Großvater. Daran hatte er nicht mehr geglaubt und er hatte sich auch nie eingestanden, wie sehr er es sich eigentlich gewünscht hatte. Aber nun war seine hiesige Tochter schwanger, er hatte sogar schon das Kind gespürt, wie es gegen seine Hand geboxt hatte. Da hatte es ihn so warm durchflutet, dass er weinen musste. Das erste Mal seit dem Tod seiner Frau.

„Nun kann ich wirklich gehen. Und es ist doch besser, meine Tochter organisiert die Beerdigung, solange das Kleine noch im Bauch ist. Wenn es mal rumschreit und gewickelt werden will, wird alles schwieriger. Ich verabschiede mich jetzt aus dieser Welt.“

Aus medizinischer Sicht war dem nichts mehr entgegenzusetzen. Keiner versuchte mehr, Herrn Gabler zu irgendeiner Operation zu überreden.

Drei Tage lang saßen die beiden Töchter am Bett ihres Vaters und hielten jede eine Hand. Manchmal legte die eine seine Hand auf ihren Bauch und er spürte, wie es sich darin bewegte. Er konnte kaum mehr sprechen, aber das war auch nicht nötig. Er lächelte. Er bedankte sich. Er strahlte Frieden aus.

Franz Gabler starb am morgen des vierten Tages, kurz bevor seine Töchter auf der Station eintrafen. Dieser Frieden würde sie ihr Leben lang begleiten, so erzählten sie mir später.

19. ICH BIN SO NEIDISCH AUF IHR LEBEN

Annemarie Schneider war seit vielen Jahren krebskrank. Als promovierte Geisteswissenschaftlerin hatte sie viel recherchiert und vermutlich alles zusammengetragen, was über ihre Krankheit in Erfahrung zu bringen war. Sie hatte selbst angeregt, auf die Palliativstation verlegt zu werden, als sie erneut wegen starker Atemnot in die Notaufnahme des Krankenhauses kam. „Das bringt doch eh nichts mehr", sagte sie zur diensthabenden Ärztin, „irgendwann reicht es einfach."

Als ich auf Station kam, hörte ich von meiner Kollegin, dass sie nach mir gefragt hatte. Sie warnte mich: Frau Schneider sei alles andere als gut gelaunt und freundlich. „Ich ertrage euch alle hier nicht mehr", meinte sie tatsächlich gleich zur Begrüßung. „Überall sonst wäre ich jetzt lieber als hier."

Wie bereits viele Male zuvor redeten wir über die Orte, wo sie jetzt lieber wäre. Sie erzählte mit vielen Details von ihrer viermonatigen Reise quer durch Mexiko während ihrer Studienzeit, von Wandertouren durch Alpen und Dolomiten, von unendlich vielen Kirchen in Italien und Frankreich, die sie besichtigt hatte, und schließlich von ihrem letzten Urlaub, den sie machen konnte, einer Reise nach Marseille.

„Wenn ich auch sonst nichts mehr habe, wenigstens

gibt es diese Reisen. Die sind wie Aktien, hier im Bett steigen sie täglich im Wert“, formulierte sie.

Bei meinem nächsten Besuch litt sie weniger an Atemnot und Frau Schneider begann zaghaft, Pläne zu machen. „Was meinen Sie, ob es für mich noch einmal reicht, nach Colmar zu fahren?“, überlegte sie laut. Als ich ging, war sie recht zuversichtlich. Sie wollte es mit dem Palliativteam besprechen und mit ihrem Bruder reden, wann er Zeit und ein Auto habe. Die Aussicht auf eine Fahrt zum Isenheimer Altar tat ihr sichtlich gut. Wenige Tage später wurde sie entlassen und freute sich auf ihr Zuhause und die geplante Reise.

Einige Wochen später kam sie wieder auf Station. Es ging ihr nicht gut, sie litt unter extremer Luftnot und jeder Atemzug bereitete ihr große Mühe. Da sie nur noch im Sitzen glaubte, Luft zu bekommen, konnte sie nicht mehr liegen und schlief kaum noch. Es sei ihr leider doch nicht mehr möglich gewesen, nach Colmar zu fahren, erzählte sie mühsam und leise, entweder habe der Bruder keine Zeit gehabt oder ihr sei es zu schlecht gegangen. „Aber das Ganze hat auch etwas Gutes“, fügte sie hinzu, „ich weiß jetzt wenigstens genau, dass ich mich auf meinen Bruder einfach nicht verlassen kann.“ Auch zu ihren Eltern wollte sie auf keinen Fall – das wusste ich bereits.

Zügig hatte sie ihre Anmeldung in einem Hospiz organisiert, da sie dort wohl am besten aufgehoben sei. Wie gewohnt hatte sie sich intensiv über die Hospize vor Ort informiert und war sicher, eine gute Entscheidung getroffen zu haben.

Am Ende unseres Gesprächs erzählte ich ihr, dass ich die nächsten zwei Wochen nicht da sei, weil ich Urlaub habe. Selbstverständlich wollte sie sofort und genau wissen, wohin meine Reise ginge und so beiläufig wie irgend möglich erzählte ich, dass ich nach New York City fliegen wollte.

Zusammen schwelgten wir dann in Erinnerungen. Sie kannte die Stadt gut. Gemeinsam gingen wir in Gedanken im Central Park spazieren, im Greenwich Village und in Brooklyn, bevor ich mich endgültig verabschiedete.

„Wie alt sind Sie eigentlich genau?", fragte mich Annemarie Schneider, als ich schon fast an der Tür war. Wir wussten, dass wir beide ähnlich alt sind, wir hatten zur gleichen Zeit studiert, ähnliche Erfahrungen gemacht und darüber schon ausführlich gesprochen. Ich beantwortete ihre Frage nach meinem genauen Alter. Frau Schneider überlegte kurz und stellte dann fest: „Dann bin ich ja sogar etwas jünger als Sie. Ich werde wahrscheinlich nicht einmal so alt, wie Sie jetzt sind. Und Sie fahren jetzt noch in Urlaub. Sie glauben gar nicht, wie neidisch ich auf Sie bin, auf Sie und Ihr Leben."

Eine Weile stand ich unschlüssig an der Tür, dann nahm ich mir noch einmal den Stuhl und setzte mich zu Frau Schneider. Wir sprachen darüber, dass es einfach nicht gerecht sei, dass die einen leben können und die anderen nicht.

„Wie können Sie da an Gott glauben?", fragte sie mich. Ich erzählte ihr von mir und meinem Glauben, und dass ich wohl nur hier sitzen kann, weil ich glaube, mich wenigstens auf Gott verlassen zu können.

Nun erfuhr ich eine ganz neue Seite ihres Lebens. Sie war in einem sehr frommen Haus aufgewachsen, mit liebevollen, aber konservativen Eltern. Als Kind sei es für sie unvorstellbar gewesen, ohne ein Nachtgebet schlafen zu gehen. „Sie kennen doch sicher diese rührseligen autoritätsgläubigen Gebete aus dem 19. Jahrhundert", meinte Sie. „Lieber Gott, mach mich fromm, dass ich in den Himmel komm – und so." Natürlich kannte ich das. „Und wissen Sie was? Genau an diese Gebete erinnere ich mich hier jeden Abend", erzählte sie lächelnd.

Als ich aus meinem Urlaub zurückkam, erfuhr ich, dass Frau Schneider ins Hospiz verlegt worden war und dort nach wenigen Tagen starb.

20. UND ENGEL GIBT ES DOCH

Bei meinen Besuchen im Krankenhaus traf ich Luise Schnabel eigentlich immer lesend an. Dicke Wälzer und anspruchsvolle Studienausgaben lagen auf ihrem Nachttisch. Der Kirche war sie in der ihr eigenen nüchternen Art eng verbunden. „Wissen Sie, seit ich 80 bin gehe ich regelmäßig in den Gottesdienst", erzählte sie mir am Anfang unserer Bekanntschaft. Auf meine fragenden Blicke hin erklärte sie: „Ich hatte mir damals überlegt, dass ja niemand merkt, wenn ich krank bin. Jetzt werde ich sonntags vermisst und meine Banknachbarin in der Kirche kommt mich sogar besuchen."

Offen und interessiert wie sie war, meldete sie sich jedes Mal bei der Seelsorge, sobald sie in einem Krankenhaus aufgenommen wurde und war dankbar für viele unterschiedliche Gespräche über die Jahre hinweg.

Als ich Frau Schnabel auf der Palliativstation zufällig wieder traf, war ich verwundert, dass sie uns nicht Bescheid gegeben hatte. „Ich kann nicht mehr", begrüßte sie mich, „mir tut alles weh, ich ertrage ja nicht einmal mehr das Blutdruckmessen."

Wir blieben eine Weile schweigend zusammen und dann begann sie leise zu erzählen, dass sie jetzt sogar beten würde, vor allem nachts, wenn alles ruhig war und ihr Kopf voller Gedanken. „Sie glauben gar nicht, wie lang so ein Tag im Krankenhaus ist, das müssen hier einfach mehr sein als 24 Stunden“, klagte sie. Frau Schnabel erzählte von zahllosen Untersuchungen, unerträglichen Schmerzen, verwirrenden Schmerzmitteln in den letzten Wochen und betonte mehrmals, dass es ihr jetzt reicht. „Ich will jetzt nur noch sterben, irgendwann muss der Vorhang doch fallen“, verabschiedete sie mich.

Trotzdem entschied sie sich wenige Tage später für einen kleinen operativen Eingriff und bat mich, zu kommen und mit ihr zu warten. Ihre Angst und Anspannung waren mit Händen zu greifen. „Vielleicht könnten wir ja singen oder so“, schlug sie vor und wir hangelten uns durch die unterschiedlichsten Lieder von „So nimm denn meine Hände“ bis „Am Brunnen vor dem Tore“, getragen von ihrer unglaublichen Textsicherheit.

Am Tag darauf hörte ich auf meinem Weg zu Frau Schnabel von einem Pfleger, die Patientin sei ganz verwirrt, man wisse nicht genau warum und überlege nun, wie man sie behandeln könne.

Frau Schnabel begrüßte mich freundlich wie immer, erkundigte sich nach meinem Befinden und äußerte Dankbarkeit für den Eingriff, der ihr gut gegen die Übelkeit geholfen habe. Ausführlich erzählte sie mir, was sie erlebt hatte. Zunächst sei ihre Angst mit jedem Meter in Richtung Operationssaal größer geworden, sie habe gezittert wie Espenlaub trotz aller Beruhigungsmittel. Ganz plötzlich sei dann alles anders geworden. Sie habe sich von einem Moment auf den anderen absolut ruhig und gelassen erlebt, habe sich richtig wohlgefühlt und alles sei ganz hell gewesen. „Ob Sie es glauben oder nicht, ich habe einen Engel gesehen“, sagte sie, „er saß direkt an meinem Bett und schaute mich an.“

Die ganze Zeit habe sie den Engel sehen können und es sei ihr richtig gut gegangen. „Es war ein bisschen traurig, als der Engel plötzlich weg war", meinte sie, aber dann sei sie schon hier im Zimmer gewesen und eine Krankenschwester erkundigte sich, wie es ihr ging. „Halten Sie mich jetzt für verrückt? Können Sie sich so etwas vorstellen oder fange ich jetzt an zu spinnen?"

Wir redeten darüber, dass es wohl viel mehr zwischen Himmel und Erde gibt, als wir uns vorstellen können und dass der Engel ihr zweifellos gut geholfen habe und das sei wichtig. Relativ bald verhandelten wir wie so oft bei früheren Gesprächen neuere Entwicklungen in Politik und Kultur, ganz offensichtlich hatte sie wieder wie gewohnt aufmerksam die aktuellen Zeitungen studiert.

„Und Engel gibt es doch", sagte sie mehr zu sich als zu mir, als ich mich verabschiedete und sie lächelte.

Frau Schnabel verließ sich bis zu ihrem Tod darauf, dass ein Engel an ihrem Bett saß, wenn ihr Leben schmerzhaft und schwer wurde.

21. ICH HABE DOCH NOCH GAR NICHT RICHTIG GELEBT

Elsbeth Lang war Diabetikerin, seit sie denken konnte. In den 50er-Jahren, als sie gerade sechs Jahre alt war, wurde die Krankheit diagnostiziert und seither drehte sich für sie alles um Ernährung und Insulin. In einem langen Kuraufenthalt lernte sie vor Jahrzehnten genau, was sie durfte und was nicht und genau so hatte sie sich ihr Leben lang verhalten. „Wenn alle anderen Süßigkeiten bekamen, gab es für mich Schwarzbrot, genau abgewogen", erinnerte sie sich. Auf Kindergeburtstage sei sie bald nicht mehr eingeladen worden, weil den anderen Eltern all das zu umständlich und traurig war. Aber ihr habe das nicht viel ausgemacht, es war eben so. Ihre Mutter habe viel mehr darunter gelitten, vermutete sie. Eine richtige Katastrophe sei es für ihre Mutter gewesen, wenn sie einen Engpass in der Insulinversorgung befürchtete. Strenge Disziplin sei das Mindeste gewesen, was sie selbst beitragen konnte.

„Ich glaube, ich habe nicht ein einziges Mal in meinem Leben einfach so etwas gegessen, aus Appetit oder Hunger. Essen ist für mich Plan und Disziplin", erklärte sie. Ein Stück Schokolade oder ein Eis habe sie schon probiert, aber sie sei dabei so ängstlich gewesen, dass es ihr gar nicht geschmeckt habe.

Als ich Frau Lang kennenlernte, war sie das erste Mal

seit langer Zeit im Krankenhaus, da ihre Sehkraft als Folge des Diabetes immer mehr nachließ. „Ich soll alles falsch gemacht haben" – so hatte sie die Ärztin verstanden – „dabei weiß ich doch ganz genau, was ich tun muss." Und sie erklärte mir ihre gesamte gelernte Disziplin, die alle Lebensbereiche umfasste: Sie ging immer zur gleichen Zeit ins Bett, „vielleicht eine halbe Stunde später bei einem Fest", bewegte sich genau eine Stunde lang täglich „ohne übertriebene Anstrengung" und aß zu genau festgelegten Zeiten. Den ärztlichen Rat, so müsse man heute doch gar nicht mehr leben mit Diabetes, hörte sie als Kritik an ihrem ganzen Leben. „Ich habe doch nicht aus reinem Vergnügen so gelebt, es musste doch sein", klagte sie und fühlte sich von Grund auf unverstanden.

Mitten hinein in diese Diskussionen platzte ein völlig unerwarteter Zufallsbefund, die Diagnose eines aggressiven Tumors. In ihrer Verteidigungshaltung konnte Frau Lang absolut nicht verstehen, was sie hörte. „Das kann nicht sein", meinte sie. „Woher soll der denn kommen? Ich habe doch gar nichts gemacht." Ratlos wiederholte sie dies immer wieder und wurde auf ihre beherrschte und ruhige Art immer verzweifelter.

„Auf so vieles habe ich verzichtet, damit alles funktioniert", klagte sie, „und jetzt soll ich Krebs haben? Ich hätte so gerne Kinder gehabt, das war mein Traum. Aber daran war ja nie zu denken, es wäre viel zu gefährlich gewesen."

Und sie fing an, mich ausführlich nach meinen Kindern zu fragen, welches ihre ersten Worte waren, wie sie mich heute nennen, wie sie die Schule erleben, was sie werden wollen, wie sie aussehen, ob sie glücklich sind und vieles mehr. Sie erzählte: „Manchmal habe ich

Kinder beobachtet und überlegt, wie ihr Leben wohl aussehen wird. Ein schönes Leben habe ich mir dann für sie ausgedacht."

Auch bei meinem nächsten Besuchen redeten wir nicht über ihr Leben, stattdessen fragte sie nach allem, was ich in der Zwischenzeit erlebt hatte, jede Kleinigkeit hörte sie mit großem Interesse. Diese Situation war für mich ungewohnt und auch nicht angenehm, ich wollte gar nicht darüber reden, was ich gegessen und getrunken hatte, mit wem ich mich getroffen und wer beim Doppelkopf gewonnen hatte. Ich suchte einen Kompromiss, erzählte ein bisschen und einiges nicht und kämpfte mit dem Gedanken, dass mein banaler Alltag vermutlich aufregender war, als fast jeder Tag im Leben von Frau Lang. Offensichtlich dachte sie ähnlich und sagte plötzlich ruhig und nachdenklich: „Ich kann jetzt nicht sterben, ich habe doch noch gar nicht richtig gelebt."

Ab diesem Zeitpunkt konnten wir offen und unbefangen darüber reden, wie Frau Lang die nächsten Wochen und Monate mit der Krebserkrankung plante. Sie hatte sich entschieden, alle Therapiemöglichkeiten zu nutzen, wollte aber zunächst für ein paar Tage an die Nordsee fahren, um „Freiheit" zu riechen. Auf Fisch und einen Piccolo freute sie sich und wollte sich Hörbücher besorgen, weil an ihrer Sehschwäche ja nichts mehr zu ändern war. Zurück zu ihrer Arbeit im Büro wollte sie auf keinen Fall, „da war ich lange genug, das brauche ich jetzt nicht mehr", stellte sie ganz klar fest.

Einige Monate später war Elsbeth Lang wieder im Krankenhaus und bat mich um einen Besuch. Mittlerweile war sie fast blind und hatte stark abgenommen.

„Wie geht es ihren Kindern?“, fragte sie mich sofort und erzählte von der Nordsee und manchen schweren Tagen.

Auf ihrem Nachttisch stand ein prächtiger, bunter Blumenstrauß, der so auffallend war, dass ich sie darauf ansprach. „Völlig unvernünftig, finden Sie nicht? So viel Geld und so viel Farbe und ich sehe nichts“, meinte sie lächelnd, „und trotzdem ist er wunderschön.“

22. ÜBER DIE SCHÖNHEIT VON ROHRLEITUNGEN

Albert Kuhn war mit Leib und Seele Sanitärinstallateur. Er war voller Energie und Tatendrang, als wir uns auf der Palliativstation kennenlernten. Wenige Tage zuvor war er noch auf seiner Baustelle gewesen und genau da wollte er so schnell wie möglich wieder hin. „Was ich angefangen habe, mache ich auch fertig", sagte er.

Es war sehr eindrücklich, wie Herr Kuhn für seine Arbeit schwärmte. „Sie glauben gar nicht, wie dankbar Menschen sind, wenn die Heizung wieder läuft oder erst das WC", erklärte er. Spezielle Steckverbindungen, die perfekt zusammenpassen, beschrieb er mir detailliert und fügte hinzu: „Sie halten mich vielleicht für verrückt, aber wenn man genau hinschaut sind Rohrleitungen etwas Wunderschönes."

Dass Herr Kuhn mit seiner handwerklichen Leidenschaft auch in der Kirchengemeinde gut zu tun hatte, konnte ich mir sofort vorstellen. „Der Pfarrer ist ja ein netter Kerl", meinte er, „aber von Technik hat er keine Ahnung. Wenn was ist, dann rufen die mich; wenn es sein muss, auch mitten in der Nacht."

Recht bald beendete Herr Kuhn das Gespräch, da er auf ärztliche Informationen wartete: „Nehmen Sie es mir bitte nicht übel, aber ich muss einfach wissen, wie es für mich aussieht“, begründete er seine Unruhe.

Als ich ihn einige Tage später wieder besuchte, erkannte ich ihn kaum wieder, er wirkte richtiggehend in sich zusammengefallen.

„Eigentlich lohnt es sich für Sie doch gar nicht, mich kennenzulernen“, meinte er bitter und erzählte tief enttäuscht, dass man ihm alle Hoffnung auf Heilung und Besserung genommen habe. „Die wollten mir gar nicht glauben, dass ich letzte Woche noch geschafft habe“, sagte er und zeigte mir dann Bilder der Baustelle auf seinem Mobiltelefon. „Das sieht wirklich sehr schön aus“, kommentierte ich und Herr Kuhn lächelte ein wenig und meinte: „Sie haben recht, den Humor darf man nie verlieren.“

Albert Kuhn begann von seiner Kindheit in der Nachkriegszeit zu erzählen. „Die Ruinen und Trümmerfelder in der Innenstadt waren für uns Buben ein einziger großer Spielplatz. Uns ging es gut da, glauben Sie mir, wir waren viel freier als die Kinder heute. Wenn ich jetzt so darüber nachdenke, vielleicht hat ja genau da die Begeisterung für meine Arbeit angefangen“, überlegte er, „ich sammelte überall Schrauben, Rohre, Nägel, alles, was ich finden konnte.“ Er habe immer wissen wollen, wie das alles zusammengehört und funktioniert. Seine Eltern, beide angesehene Akademiker, seien davon nicht begeistert gewesen. „Im Gegenteil, die wollten dass ich Lehrer werde, in die Oper gehe und Museen besuche und das schön finde.“

Bei meinem nächsten Besuch lernte ich seine wesentlich jüngere Frau kennen, die wegen der gemeinsamen noch kleinen Kinder nicht so häufig kommen konnte.

„Aus der Gemeinde ruft ständig jemand an, bringt Blumen vorbei, fragt nach dir und bestellt Grüße", erzählte sie und Herr Kuhn bemerkte erfreut, aber auch etwas sarkastisch, dass der Gemeinde wohl jetzt schon der Handwerker fehle.

Als ich gehen wollte, um die beiden nicht zu stören, nutzte Herr Kuhn die Gelegenheit, in meiner Anwesenheit seiner Frau zu erklären, welch großes Glück es für ihn sei, sie kennengelernt zu haben. „Sie ist das Beste, was mir in meinem ganzen Leben passiert ist", betonte er.

Später hörte ich vieles über die erste Ehe von Herrn Kuhn, die ganz anders war, lieblos, ein großer Fehler, eine Katastrophe. „Die Frau möchte ich nicht mehr sehen, auf keinen Fall, in meinem ganzen Leben nicht mehr", war Herr Kuhn sicher. Ganz anders sah es aus mit dem gemeinsamen Sohn aus dieser Ehe, den Herr Kuhn seit vielen Jahren nicht gesehen hatte. „Meine Ex-Frau wollte das nicht, sie hat immer gegen mich gearbeitet, ich habe keine Chance bei dem Jungen", erzählte er aufgebracht. „Als Vater können Sie da nichts machen, glauben Sie mir, das hat keinen Sinn, überhaupt keinen, auch heute nicht", beteuerte er wiederholt.

Als ich Herrn Kuhn das nächste Mal besuchte, war sein ganzes Zimmer voller Bilder, überall hingen Porträtaufnahmen von ihm und seinem Sohn, am Waschbecken, am Infusionsständer, am Nachttisch, an der Wand, am Fenster. „Sehen sie, das ist mein Sohn, ist er nicht wunderbar? Ein so schöner Mann ist er geworden", freute Herr Kuhn sich.

Bald nach unserem Gespräch hatte er dann doch

seinen Sohn angerufen und dieser besuchte ihn schon den darauffolgenden Tag. Seitdem kam der Sohn jeden Tag vorbei. Als begeisterter Fotograf hatte er im Krankenhaus viele Aufnahmen von seinem Vater und von ihnen beiden gemacht und die Bilder seinem Vater mitgebracht.

Als ich Herrn Kuhn das letzte Mal vor seinem Tod besuchte, saßen seine Frau und sein Sohn gemeinsam am Bett, Herr Kuhn war nicht mehr ansprechbar. An der Wand im Zimmer hing die große Fotografie eines hell erleuchteten Industriebetriebs bei Nacht. „Eines meiner Lieblingsbilder", erklärte der Sohn. „Ich weiß so wenig von meinem Vater, aber dass ihn die Ästhetik von Industrieanlagen beeindruckt hat, das konnte ich noch erfahren. Vielleicht gefällt ihm ja das Bild auch und er sieht es noch irgendwie."

23. EIN BREITES LÄCHELN

Ich war relativ spät abends noch in der Klinik unterwegs, weil eine Angehörige mich um ein Gespräch gebeten hatte. Auf dem Weg zum Ausgang kam mir der diensthabende Arzt entgegen. „Bei Herrn Pranzelmeier wird sich die Frage nach der PEG-Sonde möglicherweise erledigen", sagte er mir, „ich weiß nicht, ob er die Nacht übersteht."

Über Kurt Pranzelmeier hatten wir tags zuvor gesprochen. Der 78-jährige Patient war vor ein paar Tagen nach einem Schlaganfall eingeliefert worden und lag seitdem im Koma. Nahrung und Flüssigkeit erhielt er über Infusionen. Ob oder in welchem Zustand Herr Pranzelmeier noch einmal aufwachen würde, war unsicher. Es lag auf der Hand, dass die Schädigung durch den Schlaganfall groß war.

Ausreichende Ernährung würde langfristig nur durch eine durch die Bauchdecke gelegte Magensonde (eine sogenannte PEG-Sonde) möglich sein. Leider war nichts darüber bekannt, ob eine solche PEG-Sonde dem Willen von Herrn Pranzelmeier entsprechen würde. Er lebte mit seiner inzwischen schwer dementen Ehefrau in einem Seniorenstift. Die Pflegenden, die ihn hier betreuten, konnten bzw. wollten sich zu dieser Frage nicht äußern. Die einzige Verwandte, von der man wusste, war eine Tochter im Ausland, zu der aber wohl kein

Kontakt bestand. Eine Patientenverfügung lag nicht vor.

So war für den folgenden Tag ein Ethikkonsil einberufen worden um abzuwägen, was wohl im Sinne von Herrn Pranzelmeier wäre und ob das Legen einer PEG-Sonde eher seinem Leben dienen oder das Leiden verlängern würde.

Ich hatte Herrn Pranzelmeier am Tag zuvor besucht und längere Zeit an seinem Bett gesessen. Es gab keine eindeutigen Zeichen, dass er meine Anwesenheit bemerkt hätte. In der Tasche, die offen neben seinem Bett stand, und die wohl in Eile von einer Pflegerin im Heim gepackt worden war, entdeckte ich ein Losungsbüchlein. So vermutete ich, dass er vielleicht Kirchenlieder mögen würde und sang ihm leise „Befiehl du deine Wege“ und „So nimm denn meine Hände“ vor. Ganz sicher war ich mir nicht, aber es sah aus, als entspannten sich dabei seine Gesichtszüge bis hin zum Lächeln. Auch einige Psalmen sprach ich ihm vor und mir schien, dass er dabei sehr tief atmete.

Wenn Herr Pranzelmeier also die Nacht möglicherweise nicht überstehen würde, hätte sich die Frage nach der Magensonde erübrigt. Ohne groß nachzudenken, machte ich nach dem kurzen Gespräch mit dem Arzt kehrt, um das Zimmer von Herrn Pranzelmeier aufzusuchen. Vielleicht konnte ich ihm irgendetwas Gutes tun.

Im Zimmer war es dunkel, Herr Pranzelmeier war der einzige Patient dort. Er schlief – wie die letzten Tage auch. Ich stellte mich vor, setzte mich zu ihm, sang „Nun sich der Tag geendet“ und betete ein Vaterunser. Diesmal war ich mir ganz sicher, dass sich ein Lächeln um seinen Mund herum andeutete. Aus einer Intuition heraus stand ich auf, legte ihm die Hände auf den Kopf und sprach ihm einen Segen zu. Jetzt war es ganz offensichtlich, dass sich das Lächeln über sein ganzes Gesicht ausbreitete. Es war, als würde die Sonne aufgehen.

Vorsichtig setzte ich mich wieder hin, tief gerührt von diesem Lächeln, das weiterhin auf seinem Gesicht strahlte. Herr Pranzelmeier atmete tief aus, während ich über das Wunder nachdachte, wie sehr Segen einen Mensch bewegen kann, der sonst keine erkennbaren Reaktionen zeigt.

Es dauerte eine ganze Weile, bis ich merkte, dass Kurt Pranzelmeier aufgehört hatte zu atmen. Für immer. Eine PEG-Sonde würde er ganz sicher nicht mehr brauchen. Das Lächeln blieb. Es schien, als hätte er nur noch auf den Segen gewartet.

24. VOM ADRESSBUCH

„Noch nicht einmal mein Adressbuch konnte ich mitnehmen!“ Ulrich Barenreuther war immer noch fassungslos darüber, dass er ohne jede Vorbereitungszeit in die Klinik eingeliefert worden war. Nichts hatte er, der doch sonst stets so gut organisiert war, packen können. Keine Zahnbürste, keine Unterhose, nichts. Am meisten machte es ihm aber zu schaffen, dass sein Adressbuch, sein treuester Begleiter seit vielen Jahren, zurückgeblieben war.

Ich kannte Herrn Barenreuther schon länger. Seit etwa einem halben Jahr kam er in regelmäßigen Abständen in die Klinik, entweder zur Chemotherapie oder um deren Nebenwirkungen wie starkes Erbrechen und heftige Infekte zu bekämpfen. Herr Barenreuther war sich wohl bewusst, dass sein Krebs nicht zu heilen und seine Lebenszeit sehr begrenzt war. Aber nach jeder Krise und jedem Infekt hoffte er, doch noch eine neue Spanne herausschinden zu können, um seinen Garten blühen zu sehen, um noch die Geburtstagsfeier eines Freundes zu erleben oder – und das beschäftigte ihn am meisten: seine Hinterlassenschaften zu sortieren.

Herr Barenreuther hatte schon angefangen, mit der ihm eigenen Akribie seine Wohnung von oben bis unten aufzuräumen. Die beiden Nichten sollten nicht so viel Arbeit damit haben. Auch seine Unterlagen waren bereits wohl sortiert, Vorsorge- und Bankvollmachten erteilt, die Besitztümer teils an die Nichten, teils an eine Stiftung vermacht.

Aber nun das: Er war nur zur Kontrolluntersuchung bei der Hausärztin gewesen und die hatte ihn aufgrund des alarmierenden Blutbildes ohne jede Vorbereitung mit Krankenwagen in die Klinik geschickt. Und er hatte nichts, aber auch gar nichts dabei, nicht einmal sein Adressbuch.

Als ich in sein Zimmer kam, legte er statt einer Begrüßung gleich mit der Frage los, wie er wohl an sein Adressbuch kommen könnte. Kein anderes Thema interessierte ihn. Mit seinem Adressbuch, so meinte er, wären alle, die darin standen, bei ihm. Und dem einen oder anderen wollte er einfach einen lieben Gruß schicken.

Ich fragte bei den Schwestern im Stationszimmer nach und erfuhr, dass auch sie in den zwei Tagen, seit Herr Barenreuther wieder im Haus war, nichts anderes von ihm gehört hatten als die drängende Bitte, ihm sein Adressbuch zu verschaffen. Es gab in der Akte aber nur die Telefonnummer von einer Nichte, und die war für mehrere Wochen verreist.

Die andere Nichte, die ebenfalls einen Hausschlüssel hatte, trug einen Allerweltsnamen, der allein im Telefonbuch ihres Wohnorts 68 Mal auftauchte. Und Herr Barenreuther war sich noch nicht einmal sicher, ob sie wirklich in dieser Stadt oder nicht eher in einem Vorort wohnte. So war geradezu kriminalistisches Gespür gefragt, um ihre Telefonnummer herauszufinden. Es dauerte drei Tage, bis ich sie erreichte. Sie versprach auch bereitwillig, das Adressbuch zu suchen – allerdings würde sie erst in vier Tagen dazu kommen; dann wollte sie es gleich bringen.

Herr Barenreuther stöhnte. Vier Tage, das schien ihm zu lang, um durchzuhalten. Nach dieser Nachricht verschlechterte sich sein Zustand sehr schnell, er litt an starken Schmerzen und Atemnot. Eine Chemotherapie würde er nicht mehr bekommen können, stattdessen versuchte man, ihm die Lage mit Morphium erträglich zu machen. Der Arzt vermutete, dass seine Lebenszeit nur noch in Tagen zu bemessen sei. Die Zeichen standen auf Abschied.

So traute ich meinen Augen kaum, als ich am Tag nach dem Besuch der Nichte Herrn Barenreuther munter und aufrecht im Bett sitzen sah. Er hatte sein Adressbuch auf dem Nachttisch aufgeschlagen und schrieb eifrig in einem Collegeblock.

„Nett, dass Sie reinschauen", so begrüßte er mich, „ich habe aber leider keine Zeit. Ich bin schon bis zum Buchstaben L gekommen, aber der Rest ist noch ganz schön viel." Ich verabschiedete mich und wünschte ihm weiterhin frohes Schaffen.

Am folgenden Tag war er immer noch sehr beschäftigt und beim Buchstaben S angekommen. Er sei so froh, endlich wieder alle seine Lieben beieinander zu haben. An jeden, der ihm wichtig war im Adressbuch, schrieb er ein paar Zeilen auf einem Blatt in seinem Collegeblock. Vorgestern habe er mit dem Bestatter telefoniert, der würde dafür sorgen, die Zettel zusammen mit den Traueranzeigen an die richtigen Adressaten zu schicken. „Kostet ein bisschen extra, aber das letzte Hemd hat eh keine Taschen", sagte er mit geradezu verschmitztem Lächeln.

Ich begriff, warum Ulrich Barenreuther so sehnlich auf sein Adressbuch gewartet hatte. Alle ihm verbliebene Lebenskraft nahm er zusammen, um sich bis zum Z durchzuarbeiten. Dann war er erschöpft und ausgelaugt und schlief fast nur noch. Die Schmerzen wurden stärker, das Morphium wurde erhöht. Es dauerte nur wenige Tage, bis er endgültig einschlief.

25. HELFEN SIE MIR, MIT MEINEM BRUDER ZU SPRECHEN

„Wir machen uns Sorgen um Marion Herzberg. Sie wirkt so verzweifelt, spricht kaum und hat sich ganz abgekapselt.“ Das erzählte mir ein Pfleger und bat mich, nach ihr zu schauen. Ich erfuhr, dass die 59 Jahre alte Patientin vor fünf Jahren erfolgreich an Darmkrebs behandelt worden war. Nun jedoch war ein Rezidiv festgestellt worden und es hatten sich in kürzester Zeit Metastasen im ganzen Körper gebildet.

Als ich das Zimmer von Frau Herzberg betrat und mich vorstellte, starrte sie mich einen Moment lang wortlos und unverwandt an. Dann hatte ich das Gefühl, dass die Gedanken in ihrem Kopf zu rasen anfingen. Sie kniff die Augen zu, ohne den Kopf wegzudrehen. Ich wusste nicht so recht, wie ich das deuten sollte und blieb einen Moment unschlüssig stehen. Dann öffnete sie die Augen wieder und blickte mich an, als hätte sie eben beschlossen, ins kalte Wasser zu springen. So war es auch.

„Helfen Sie mir, mit meinem Bruder zu sprechen!“, warf sie mir ohne Begrüßung und ohne weitere Umschweife entgegen.

Ich erfuhr, dass Frau Herzberg fast ihr ganzes Leben mit ihrem Bruder im Elternhaus gewohnt hatte – in getrennten Wohnungen, wie sie betonte. Beide waren kurz nacheinander für ein paar Jahre verheiratet gewesen, beide hatten ein Kind aus dieser Ehe, mit dem sie nach der Trennung ins Elternhaus zurückgezogen waren. Außerdem lebte noch eine behinderte Schwester in der dritten Wohnung im Haus. Um die kümmerten sie sich gemeinsam.

Frau Herzberg wusste sehr wohl um die Schwere ihrer Erkrankung und dass sie nicht mehr lange leben würde. Sie sorgte sich vor allem um ihren Bruder: Wie sollte er es verkraften, wenn sie nicht mehr da war? Wie sollte er mit der behinderten Schwester allein zurechtkommen? Auch rein Praktisches – das Nutzungsrecht für das Haus, den Zugriff aufs Konto, die finanzielle Absicherung ihres Sohnes – so vieles wollte sie noch mit ihm bereden, so vieles musste noch geregelt werden. Aber, so meinte sie, ihr Bruder würde das total abblocken. Sobald sie auch nur ansatzweise erwähnen würde, dass es ihr nicht gut gehe, würde er auf sie einreden und ihr erzählen, was sie zu Hause alles tun müsse, wenn sie wieder gesund sei und wohin der nächste Urlaub gehen würde.

„Es ist zum Verzweifeln", sagte Frau Herzberg, „dabei müssen die Dinge doch einfach geklärt werden. Ich weiß nicht, wie lange ich das noch kann!"

Ihr Bruder kam regelmäßig am späteren Nachmittag zu Besuch. Und so kam auch ich am nächsten Tag am späteren Nachmittag zu Frau Herzberg und stellte mich ihrem Bruder vor. Er bot mir gleich einen Stuhl an und fragte mich nach meiner Meinung zum Papst, zur Kirchensteuer und zur Flüchtlingspolitik. Frau Herzberg lag mit geschlossenen Augen wie unbeteiligt im Bett, während er wortreich und engagiert die Diskussion mit mir suchte. Mich beschlich der Verdacht, dass er mich intuitiv daran hindern wollte, mein eigentliches Thema vorzubringen. Schließlich nutzte ich die Unterbrechung durch den Kurzbesuch einer Krankenschwester, um den entscheidenden Schritt zu tun. „Gestern war ich schon einmal bei Ihrer Schwester. Da hat sie den Wunsch geäußert, ein paar Dinge zu regeln. Wer weiß denn schon, wie es mit ihrer Krankheit ausgeht?"

„Aber Marion, so was darfst du doch gar nicht denken, du wirst doch wieder gesund und kommst bald nach Hause!" Er wandte sich empört an seine Schwester, die jetzt die Augen geöffnet hatte und nervös auf ihren Lippen kaute. „Das hoffen wir natürlich alle", antwortete ich, „aber nur für den Fall, den wir uns nicht wünschen, nur für den Fall, dass es doch anders kommen würde: Ihre Schwester wäre erleichtert, wenn Sie dafür miteinander ein paar Vorkehrungen treffen würden."

Der Bruder hielt inne. Wir schwiegen.

„Also, nein, meine Schwester wird auf jeden Fall wieder gesund. Aber, naja, also wirklich nur für den Fall, der auch ganz sicher nicht eintritt, nur so als Gedankenspiel ..., da habe ich mal etwas mitgebracht."

Er stand auf, holte seine Tasche, öffnete sie mit zitternden Händen und griff hinein. Ich staunte, Frau Herzberg traute weder ihren Augen noch ihren Ohren: Der Bruder, der das Thema „Lebensende" ihrer Meinung nach total verdrängt hatte, zog aus seiner Tasche einen ganzen Stapel Vollmachten hervor, vieles war bereits ausgefüllt.

„Nur für den total unwahrscheinlichen Fall, dass es nötig werden könnte", hatte er eine Bankvollmacht, Vorsorgevollmacht, Patientenverfügung und eine Reihe von Informationen über Erbschafts- und Vormundschaftsrecht zusammengestellt und schon seit Wochen mit sich herumgetragen. Immer hatte er auf den richtigen Moment gewartet, aber der kam nicht. Er wollte die Schwester nicht beunruhigen, die ja von sich aus nie über die Schwere der Krankheit hätte reden wollen.

Die Tränen, die nun bei beiden flossen, waren sicher Tränen der Trauer und der Erleichterung zugleich. Die Geschwister umarmten sich lange.

Dann machten sie sich ans Bearbeiten der Formulare. Sie kamen bestens zu zweit zurecht. Ich verließ recht bald das Zimmer, nachdem ich ihnen angeboten hatte, dass sie mich rufen lassen könnten, wenn sie Unterstützung bräuchten. Das einzige, worum sie mich am nächsten Tag baten, war, ihnen einen Termin bei einem Notar zu vermitteln, der möglichst zeitnah in die Klinik kommen würde.

In den letzten Tagen vor ihrem Tod erlebten die Pflegenden Marion Herzberg als äußerst liebenswürdige, gesprächsbereite und mit ihrem Leben versöhnte Frau.

26. DIE ZÜGEL BIS ZUM SCHLUSS IN DER HAND BEHALTEN

Schwester Angelika wirkte ziemlich verzweifelt. Eine halbe Stunde lang habe sie mit Frau Langwinkel, einer 88 Jahre alten Patientin, gerungen, aber die ließe sich nicht davon abbringen: „Sie will in die Schweiz fahren, um sich umbringen zu lassen! Das geht doch nicht, das kann sie doch nicht machen!" Schwester Angelika bat mich: „Gehen Sie doch einmal zu ihr und reden Sie ihr das aus!"

Ob ich Angelikas Auftrag ausführen würde, wusste ich zwar nicht, aber ich machte mich auf den Weg zu Edith Langwinkel. Ich traf auf eine äußerst akkurat zurechtgemachte, feine Dame, die wesentlich jünger aussah, als ich es bei einer 88-Jährigen erwartet hätte. Es stellte sich schnell heraus, dass das Alter auch geistig keinerlei Spuren hinterlassen hatte. Sie fragte mich direkt, ob Schwester Angelika mich zu ihr geschickt hätte. Ich musste schmunzeln. „Ja", antwortete ich, „sie macht sich Sorgen um Sie."

Ich erfuhr, dass Frau Langwinkel in ihren 88 Lebensjahren noch nie im Krankenhaus gewesen war. Die kürzlich gestellte Diagnose eines Darmtumors hatte sie völlig unvorbereitet getroffen. „Die Tatsache, dass das Leben endlich ist, hat mich total überrumpelt", erzählte sie und wir mussten beide lachen. Vor zwei Wochen noch war sie geritten, hatte Golf gespielt und war im Meer geschwommen – sie hatte sich fit gefühlt wie ein Turnschuh, und dann das …

„Das ist doch kein Leben“, meinte sie. „Wenn ich meinen Attila nicht mehr reiten und auch nicht mehr schwimmen kann, was soll ich dann noch auf dieser Welt? Dann doch lieber in die Schweiz – und weg bin ich. Ich bin ein sehr autonomer Mensch und habe immer alles selbst entschieden, warum sollte das ganz am Ende anders werden?“

Dieses Gefühl konnte ich durchaus nachvollziehen und sagte das Frau Langwinkel. Dann wollte ich wissen, wie es denn in der Schweiz ablaufen würde. Da zeigte sich, dass Frau Langwinkel überhaupt keine Vorstellung hatte, was es konkret bedeutet, Schweizer Suizidbeihilfe in Anspruch zu nehmen.

„Wissen Sie“, sagte sie, „es geht mir ja gar nicht um die Schweiz. Es geht mir darum, dass ich die Zügel bis zum Schluss in der Hand behalten will.“

„Die Schweiz ist ein ganz wunderschönes Land“, sagte ich, „und es hat natürlich etwas, mit Blick auf die Berge zu sterben. Aber allein um die Zügel in der Hand zu behalten, müssen Sie nicht in die Schweiz fahren, das können Sie auch hier vor Ort.“ Und Frau Langwinkel hörte aufmerksam zu, dass sie selbst zwischen verschiedenen Therapieformen und auch Therapiezielen zu entscheiden hätte. Dass sie nicht bis zum letzten Atemzug in dieser Klinik bleiben müsse, sondern dass es Palliativstationen, Hospize oder auch eine spezialisierte ambulante Hospizversorgung zu Hause gab. Das alles wusste sie theoretisch schon lange, hatte es aber noch nie auf sich und ihre Situation bezogen.

„Aber wenn mir alles zu viel wird und ich doch aussteigen will? Dann bin ich vielleicht schon zu schwach, um noch in die Schweiz zu fahren.“

Ich zögerte einen Moment, ob ich ihr von der Patientin erzählen sollte, mit der ich ein paar Tage vorher gesprochen hatte. Ich tat es deshalb, weil ich mir sicher war: Frau Langwinkel ging es vor allem darum, die Möglichkeit zu *haben* auszusteigen – nicht darum, sie zu *nutzen*. So erzählte ich von dieser anderen Patientin, die sehr eingeschränkt war nach einem Schlaganfall und die dann auch noch mit einer Tumordiagnose konfrontiert wurde. Sie hatte über Wochen die Morphiumtabletten, die sie vom Palliativarzt zu Hause bekam, in ihrem Nachttisch gesammelt. Nun hatte sie jederzeit die Möglichkeit, durch eine Überdosis aus dem Leben zu scheiden. Frau Langwinkel fand dieses Vorgehen äußerst interessant und wollte es für sich bedenken.

Sie kam nicht dazu, Medikamente anzusammeln. Drei Tage später traf sie eine andere Entscheidung, und zwar für eine Operation. Die Erfolgsaussichten waren nicht gut, das Risiko hoch. Aber immerhin gab es, anders als bei der Fahrt in die Schweiz, überhaupt eine Chance zu leben und die wollte sie nutzen.

Die Operation verlief zwar gut, aber der Eingriff kostete Edith Langwinkel zu viel Kraft. Sie verstarb vier Tage danach auf der Intensivstation. Kurz vorher hatten wir uns noch zum Kaffeetrinken verabredet, irgendwann einmal auf Wolke Sieben.

27.
DIE GROSSE LAST

Gerda Ameling war 58 Jahre alt, hatte mehrere bösartige Tumore und Metastasen und stand kurz vor einer Operation, die ihr eine kurzfristige Erleichterung schaffen und idealerweise Lebenszeit gewinnen ließe; aber das Risiko war groß und Frau Ameling war darüber aufgeklärt, dass sie möglicherweise die Operation nicht überleben würde. Andererseits wäre ihre verbleibende Lebenserwartung ohne diese Operation auf wenige Tage begrenzt.

Sie bat auf der Station um „jemanden zum Reden“ und so wurde ich gerufen.

Ich betrat ihr Zimmer und wir tauschten eine kurze, höfliche Begrüßung aus. Dann legte Frau Ameling los. Innerhalb einer Stunde erzählte sie mir mit unglaublicher Konzentration, Stringenz und Intensität ihre gesamte Lebensgeschichte. Angefangen mit dem Vater, der sie als sechs Wochen altes Baby eigentlich hatte aussetzen wollen, aber durch ein Pärchen, das ihn zufällig beobachtete, davon abgehalten wurde. Von der Mutter, die an schweren Depressionen litt und auch ihrer Tochter keinerlei Lebensfreude gönnte. Gegen ihre erste große Liebe, die zu einer nicht ganz ungewollten Schwangerschaft der damals 20-Jährigen führte, intrigierte ihr eigener Vater so, dass Frau Ameling sich zu einem Schwangerschaftsabbruch entschloss und den Vater der Ungeborenen – es waren Zwillinge – nie wieder sah.

Später wurde sie zur Ehe mit einem Mann genötigt, der sie und den gemeinsamen Sohn misshandelte. Nach mehreren Jahren des Ringens gelang ihr die Scheidung, die sie jedoch erst einmal ins eigene Elternhaus zurückbrachte. Mit ihrem Sohn, der inzwischen selber drei Kinder hatte, hatte sie ein sehr inniges Verhältnis und sie war erst vor einem Jahr zu ihm gezogen. Seitdem war alles gut, so betonte sie immer wieder im tiefen Wissen und in der Trauer darüber, dass diese einzige wirklich glückliche Zeit ihres Lebens nun wohl zu Ende sein würde. Gleichzeitig war sie sehr dankbar für diese Erfahrung, dass das Leben auch gut sein konnte, dass sie als Mutter und erst recht als Großmutter so ganz bedingungslos geliebt wurde und dazugehören durfte, ohne drangsaliert zu werden.

Eines lastete schwer auf der Seele von Frau Ameling, war 41 Jahre lang immer wiedergekehrt, in Träumen, in tiefen Beklemmungsgefühlen, vielleicht auch in physischen Schmerzen: ihre Kinder, die nicht zur Welt gekommen waren. Das Gefühl von Schuld hatte sie all die Jahre umklammert gehalten, auch wenn der Verstand alle Gründe für ihre damalige Entscheidung nachvollziehen konnte. Im Erzählen und durch mein vorsichtiges Nachfragen schien sich diese Last ganz allmählich zu lösen. Und als ich sie mit ins Gebet nahm und ihr dann einen Segen zusprach, hörte man diese Last förmlich von ihren Schultern fallen. Gerda Ameling strahlte. Nun konnte kommen, was wollte.

Am Abend hatte sie noch ein intensives Gespräch mit ihrem Sohn. Auch er hatte offensichtlich das Bedürfnis, alles auszusprechen, was noch auf seiner Seele bzw. auf der Beziehung zu seiner Mutter lastete. In einer wichtigen Sache hatte er sie angelogen, dafür bat er um Entschuldigung. Als sie mir am nächsten Tag davon erzählte, war ihre Erleichterung darüber, endlich zu wissen, was sie doch schon längst gespürt hatte, um ein Vielfaches größer als der Ärger über das Gehörte.

Gerda Ameling überlebte zwar die Operation, verstarb aber wenige Tage später auf der Intensivstation. Ihr Sohn war bei ihr. Er hatte ihr in den vielen Stunden an ihrem Bett den „Kleinen Wassermann" von Otfried Preußler vorgelesen und war nur wenige Minuten vor ihrem Tod bei der letzten Zeile angelangt: „Gute Nacht, kleiner Wassermann!", hörte er die Stimme der Mutter, bevor „er vollends hinüberschlief in den traumhellen Wassermannhimmel."

28.
„DEM GEHT'S GUT, DER STIRBT GERADE"

Ich habe einen „Lieblingspatienten", Paul Fichtner. Mit so viel Begeisterung wie er ist noch keiner gestorben.

Herr Fichtner war gerade 60 geworden, als er die Krebsdiagnose mit einer schlechten Prognose erhielt. Nicht lange danach lag er bei uns in der Klinik, „präfinal", sagte die Schwester, die ihn mir anempfahl. Als ich ihn in seinem Zimmer besuchte, traf ich auch auf seine Frau und seine beiden erwachsenen Söhne. Herr Fichtner war wach und erstaunlich munter. Ganz selbstverständlich wurde von allen im Raum ausgesprochen: Dies sind seine letzten Tage, vielleicht Stunden. Und die wollte die Familie gemeinsam verbringen. Herr Fichtner war ein frommer Katholik und hatte bis dato im Kirchenchor gesungen, das erzählte er mir gleich. Auf meine Frage, ob er ein Lieblingslied habe, das wir jetzt miteinander singen könnten, zögerte er einen Moment. „Großer Gott, wir loben dich …", überlegte er, um schnell anzufügen: „Das ist im Moment vielleicht doch nicht so passend."

Die Familie kam ins Erzählen, wie es war, als die Kinder klein waren. Der Hausbau, die Arbeit, die Enkel, der Garten … Es war ein sehr liebevolles Erzählen, an dem alle sich beteiligten, ergänzten, ausschmückten, sich auch foppten. Immer wieder wurde laut gelacht über diese oder jene Anekdote und Eigenheit, immer wieder flossen Tränen, wenn neu ins Bewusstsein drang, dass diese Lebensgeschichte nun zu ihrem Ende kommen würde, dass keine neuen Erlebnisse mit dem Vater, dem Ehemann mehr dazukommen würden.

Als ich mich verabschieden wollte, erinnerte ich an das Lied: „Großer Gott, wir loben dich". Ich meinte, es würde doch gut passen, gerade jetzt. Es läge so viel Dankbarkeit in ihrem ganzen Erzählen. Herr Fichtner, seine Frau und seine Söhne nickten. Und alle stimmten ein. Wir sangen vier Strophen. Ab und zu musste ich solo singen, weil die Tränen ihren Raum brauchten. Aber es war dennoch wunderschön.

Am nächsten Morgen war Herr Fichtner müde, aber doch von fast ausgelassener Fröhlichkeit. Seine Familie war wieder bei ihm.

„Heute früh war der Arzt da", erzählte er mir, „da habe ich ihm gesagt, es ist so schönes Wetter, morgen gehe ich wandern. Da hat mich der Arzt etwas irritiert angeschaut. Da hab ich gesagt: War ja nur ein Witz … "

So erfuhr ich, dass Paul Fichtner ein leidenschaftlicher Wanderer war. Deswegen dürfe seine Beerdigung auch auf keinen Fall an einem Donnerstag sein, da würde sich immer seine Wandergruppe treffen. Ich lud die Familie ein, Psalm 23 zu beten. Das berührte sie tief und ich hörte anschließend Geschichten von vielen unterschiedlichen Wanderungen, durch finstere Täler und grüne Auen. Und wir sprachen von der Hoffnung, wo diese letzte Wanderung hinführen möge.

Als ich am nächsten Morgen das Zimmer von Herrn Fichtner wieder betrat, war er sehr schläfrig. Aber immer wieder öffnete er die Augen und freute sich, noch da zu sein.

„Eigentlich kann man das ja nicht sagen, aber irgendwie macht Sterben Spaß", sinnierte er in einer seiner wachen

Phasen. „Sonst hätte ich nie so viel Zeit mit meiner Familie verbracht. Und Sie – er nickte mir zu – hätte ich auch nicht kennengelernt. Und die vielen lieben Schwestern hier.“ Dann schaute er zu seinen Söhnen hinüber: „Wenn euch zu Hause jemand anruft und fragt, wie es mir geht, dann sagt ihr: ‚Dem geht's gut, der stirbt gerade.‘“

Dann schlief er wieder. Als er etwas später die Augen noch einmal öffnete, fragte ich ihn, ob ich das weitererzählen dürfe: „Dem geht's gut, der stirbt gerade.“ Das freute ihn. Sehr gerne dürfe ich das weitererzählen. Ich verabschiedete mich mit einem Segen von ihm und von seiner Familie. Er starb in derselben Nacht.

NACHWORT

Karin Lackus konnte über das Sterben schreiben, weil sie das Leben geliebt hat. Nach einer schweren Krebserkrankung ist sie im Alter von 64 Jahren verstorben. Sie kannte ihre Prognose und machte sich keine Illusionen. Doch sie wollte leben – jeden Tag, bis zum letzten Tag.

Dieses Buch, das mehr vom Leben als vom Sterben handelt, war ihr sehr wichtig. In ihren letzten beiden Lebensjahren betonte sie, dass sie diese Geschichten genauso wieder schreiben würde. Sie hatte nichts zurückzunehmen oder zu ändern. Jede Einladung zu Vorträgen über den assistierten Suizid und zu Lesungen aus diesem Buch nahm sie an. Nur in einem Fall, als sie kurzfristig einen Klinikaufenthalt einschieben musste, sprang für sie Co-Autorin Christiane Bindseil ein.

Trotz der Schwere ihrer Erkrankung hatte sie auch ihren feinen Humor nicht verloren. In dem Blog „Krankenstand", in dem sie regelmäßig Beiträge über Klinikalltag, Klinikseelsorge oder Gesundheitspolitik veröffentlichte, schrieb sie zum Beispiel: „Den medizinischen Fachjargon habe ich fast schon ein wenig lieben gelernt. So hört sich das lateinische Wort Ileus doch um ein Vielfaches eleganter an als die deutsche Übersetzung ‚Darmverschluss', bei dem man den Geruch schon mithört."

Es gebe keinen Grund, sich auf seine eigene Gesundheit etwas einzubilden, meinte Karin Lackus. „Wer einmal mit offenen Augen durch ein Krankenhaus gegangen ist, kann gar nicht übersehen, wie ungerecht Krankheit verteilt ist, wie viele Menschen einfach Pech hatten, von einer schweren Krankheit getroffen worden zu sein. Krankheit ist kein Versagen und Gesundheit keine siegreiche Leistung."

Karin Lackus wollte in ihren letzten Lebensjahren nicht auf ihre Krankheit reduziert werden. In einem Blogbeitrag kritisierte sie die Wortwahl in der Debatte zum assistierten Suizid: „Was ich kaum noch ertrage, ist die häufige Rede von ‚Siechtum' und ‚bloßem Dahinvegetieren'. Durch diese Formulierung wird Menschen, die schwerkrank sind, ihre Würde abgesprochen. Dazu hat niemand das Recht."

Am 25. April 2023 ist Karin Lackus verstorben. In ihrer Predigt bei der Trauerfeier sagte Pfarrerin Christiane Bindseil: „Und dann stelle ich mir vor, wie Karin mit Gott diskutiert. Sie hat doch eine ganze Liste von Dingen auf dieser Erde, wo sie nicht mit ihm einverstanden war und die sie mit ihm geklärt haben möchte. Und hoffentlich lässt sie nicht locker. Solange bis es Gott bereut, sie so früh zu sich geholt zu haben. Recht geschieht ihm. Und dann werden beide lachen."